최고의 리더는 의자가 없다

일러두기

1. 이 서적 내에 사용된 일부 기사와 저작물은 저작권 소유 당사와 계약을 맺은 것입니다.

2. 저작권자를 찾지 못한 일부 자료에 대해서는 추후 저작권자가 확인되는 대로 절차에
   따라 계약을 맺고 저작권료를 지불하겠습니다.

김정주 넥슨 회장의 미래를 바꾸는 경영 방식

최고의 리더는 의자가 없다

Freedom

Challenge

Success

신동욱 지음

포르*세

목차

그가 남긴 바람의 나라를 기억하며

✦

추웠던 겨울이 물러가고 따뜻한 봄기운이 완연하던 1년 전 어느 날, 깜짝 놀랄 만한 소식이 들려왔다. 온라인게임 산업의 선구자이자 IT 업계에 큰 획을 그은 인물인 김정주 넥슨 창업자가 세상을 떠났다는 소식이었다. 어릴 적부터 친구들과 게임 하러 PC방에 가본 경험이 있는 사람이라면 누구나 한 번쯤은 들어봤을 법한 유명인의 갑작스런 부고 소식은 모두를 놀라게 하기에 충분했다. 그렇게 몇 달이 지났을 무렵, 출판사가 그의 삶을 기억하는 글을 책으로 남기면 어떻겠냐는 원고 제의를 했다. 처음 그 말을 들었을 때 '그게 가능할까'라는 생각부터 들었다. 그와 공통분모를 억지로 찾는다면 그가 가깝게 지냈던 네이버 이해진 의장이 세운 IT 회사에서 잠깐 일했다는, 실낱보다도 미세한 인연이 전부다. 어떤 일면식도 없는 그저 평범한 직장인이자 작가일 뿐인 내가 감히 김정주 창업자에 대한 글을 쓸 수 있을까? 그런 생각부터 드는 것은 너무나 당연했다.

그랬던 내가 글을 써 보겠다고 조심스럽게 마음먹은 것은, 그가 생전에 남긴 여러 행적들과 기록, 그리고 그에 대한 주변인들의 증언을 하나씩 살펴보고 나서였다. 비록 언론에 난 몇몇 인터뷰와 기사들, 그의 말이 담긴 영상들을 통한 표피적인 관찰이었을지언정, 제삼자의 눈으로 바라본 그의 삶은 충분히 훌륭했고, 기록으로 남길 만한 가치가 있겠다는 생각이 들었다. 무엇보다 이대로 모두의 기억에서 잊혀지기에는 너무 아까운 인물이라는 생각도 함께 들었다. 선거철만 되면 수많은 정치인의 자서전이나 평전이 서점에 쏟아져 나온다. 사실, 이 공동체 사회를 위해 어떤 기여를 했는지 잘 모를법한 정치인들도 자신의 업적과 삶을 자랑하며 책을 낸다. 그렇다면 누구보다 이 세상에 커다란 족적을 남긴 그의 삶을 기억하고 기리는 책 한 권 정도는 세상에 존재해야 맞지 않을까, 그런 생각이었다.

조선 시대에 '사관'이라는 벼슬이 있었다. 조정에서 일어나는 일들을 기록하고 저술하는 임무를 맡았던 이들이다. 그들은 자신이 관찰한 왕의 행적을 기록으로 남겼고, 그것은 조선왕조실록으로 후세에 전해졌다. 사관을 맡은 수많은 이들이 수백 년에 걸쳐 무려 2,124권에 이르는 방대한 분량을 기록으로 남기는 데 힘썼던 이유는, 그들이 목격했던 역사를 후세에 거울로 남기기 위함이었을 것이다. 사관은 단순히 그가 보고 들은 역사적 사실만 기록하지 않았다. 그 사실을 통해 본인이 갖게 된 생각과 의견 그리고 왕의 속내처럼 보이지 않는 것에 대한 약간의 상상력까지 발휘하여 함께 기술했다. 배울 것은 배우고, 경계할 것은 경계하며 자신이 기록한 역사를 통해 후손들이 최대한 많은 교훈을 얻길 바라는 마음 때문이었을 것이다.

이 책을 쓰는 내내 '게임 황제' 김정주의 사관이라는 마음으로 임했다. 김정주 창업자가 남긴 커다란 족적을 보여 주는 여러 기록을 최대한 많이 조사하고 그것을 토대로 글로 옮기는 과정에서 얻은 내 나름의 교훈을 함께 써 내려갔다. 그의 생애를 차근차근 되짚어 보면서 누구나 공감하고 배울 수 있는 점을 최대한 많이 정리해 보았다. 비록 부정적인 사건에 휘말려 구설수에 오르는 불운도 있었지만, 그는 대표적인 우리나라의 스타트업 창업가로서, 기업가로서, 사업가로서, 또 한 사람의 자연인으로서 분명히 배울 점이 많은 인물이었다. 일개 직장인이자 작가로 그와 공통분모가 거의 없는 나조차도 내 삶에 적용해 볼 만한 것들을 그의 말과 행동에서 여럿 발견할 수 있었다. 이것은 이 책을 읽는 독자들에게도 그럴 것이라 믿는다. 그리고 내가 그랬던 것처럼, 참 아까운 인물이 우리 곁을 다소 일찍 떠난 것에 대한 애석한 마음을 갖게 되리라 생각한다.

지금도 검색 사이트에 '김정주'라고 입력하면 '김정주 재산'이 연관 검색어로 뜬다. 물론 그가 엄청난 재산을 가졌던 부호였음은 부정할 수 없는 사실이고 보통 사람들에게는 대단히 부러운 대목이다. 하지만, 그것이 김정주의 전부는 아니다. 엄청난 부자라는 결과보다, 그의 치열했던 삶을 먼저 주목해 보았으면 한다. 김정주 창업자의 삶 일부를 있는 그대로 바라보고 그 속에서 각자의 삶에 도움이 되고 배울 만한 요소들을 최대한 얻어 갔으면 한다. 사람을 아낀 사람, 사업에 몰입한 사람, 도전을 즐긴 사람, 가치 있게 살았던 사람이었던 김정주를 오랫동안 함께 기억했으면 한다.

이제 그는 떠나고 없지만, 더 많은 어린이와 청소년들이 행복하기를 꿈꾸던 그의 바람을 담은 바람의 나라는 그가 이 땅에 남긴 좋은 사람들에 의해, 그의 뜻을 공감하고 기억하는 사람들에 의해 계속해서 확장되리라 믿는다. 그리고 나도, 이 책을 읽는 독자들도 그 뜻을 기억하는 사람 중의 한 명이 될 수 있기를 바란다.

또 한 명의 '좋은 사람', 故 김정주 넥슨 창업자의 영전에 이 책을 올린다.

2023년 4월,
신동욱

I

사람을 아낀 사람

PART 1 사람

"오랫동안 함께할 만한 사람으로
좋은 사람과 유능한 사람
둘 중 하나를 골라야 한다면
나는 좋은 사람을 선택하겠다."

_ KAIST 강의 中

"원론적인 얘기지만
사람이 좋아야 합니다."

_ 대구 KOG 아카데미 50회 축하강연 中

제갈량이 눈물을 흘린 이유

"마속의 목을 베고 눈물을 흘리다."

삼국지에는 이 '읍참마속泣斬馬謖'이라는 유명한 고사성어의 일화가 등장한다. 제갈량이 출사표를 올린 1차 북벌 때, 최고 요충지인 가정의 지휘관으로 마속을 임명하여 방어케 했다. 하지만 마속은 제갈량의 조언을 무시하고 자기 생각대로 작전을 펼치다 대패하고 가정을 빼앗기는데, 이것이 북벌 실패의 결정적 요인이 되고 만다. 그의 재주가 아깝다는 주위 만류가 있었지만 군법의 기강을 바로 세워야 한다는 명분 때문에 제갈량은 눈물 흘리며 마속의 목을 벤다. 여기까지만 보면 제갈량이 눈물 흘린 이유가 아까운 인재를 쳐내야만 했던 상황 때문으로만 보이지만, 이어진 제갈량의 말을 보면 그 진짜 속내를 알 수 있다.

"선제(유비)께서 일찍이 내게 부탁하시며 하신 말씀이 생각났소. 마속은 말이 실제보다 지나치니 중용해서는 안 된다고 하셨소. 그 말이 지금 현실대로 되었으니 나의 현명하지 못함이 한탄스럽고, 선제의 현명하심을 추억하게 되니 이로 인해 통곡하는 것이오."

마속이 과대평가된 인물이니 중용해서는 안 된다고 일렀던 유비의 말을 떠올리며 자신의 부족한 안목을 한탄한 것이 그 눈물의 진짜 이유였다. 비록 마속이 어느 정도 유능한 인재였을지 몰라도, 북벌이라는 과업을 함께 성공적으로 완수할 만큼 좋은 인재는 아니었다. 마속은 자신의 유능함을 과신했고 결국 자신뿐만 아니라 국가 전체를 위기에 빠뜨리고 말았다. 훌륭한 인재를 판단하는 기준이 오로지 '유능함'에만 있어서는 안 되는 이유다.

만약 마속이 아닌, 제갈량이 추구했던 목표를 정확히 이해하고 맡은 역할을 완벽히 수행할 만한 사람이 그 곁에 있었다면 어땠을까? 아마 삼국지의 내용은 크게 달라졌을지도 모를 일이다. 이것은 반드시 제갈량에게만 해당하는 말은 아니다. 사업을 할 때도 함께하는 '사람'은 절대적으로 중요하다. 김정주 또한 사업에 있어 가장 중요한 것이 사람이라는 것을 정확히 이해하고 있었다.

사람이 좋아야 합니다

김정주가 사업을 키워온 역사를 살펴보면 그 중심에는 늘 사람이 있었다. 김정주가 온라인게임의 가능성을 처음 인지했던 때는 1993년 여름이었다. 대학교 친구 송재경이 만든 엉성한 게임을 그때 처음으로 접했다. 제대로 된 그래픽도, 스토리도 없었지만 게임 사업의 가능성을 발견한다.* 만약 그때 송재경이 곁에 없었더라면 김정주가 온라인게임으로 사업을 시작한 것도, 온라인게임 이라는 새로운 시장이 활짝 열린 것도 좀 더 훗날의 일이 되었을 지도 모른다. 김정주의 아내 유정현도 그의 든든한 동반자이자 후원자였다. 유정현은 넥슨의 안살림을 도맡으면서 회사의 성장에 기여했다.

성장에는 사람이 필요하지만 그 사람이 떠났을 때 위기가 닥친다. 동시에 그 위기를 극복할 수 있는 계기도 역시 사람을 통해서다. 송재경이 넥슨을 떠났을 때도 마찬가지다. 그가 떠나면서 한창 개발 중이던 세계 최초의 온라인 그래픽 게임 〈바람의 나라〉도 풍전등화 같은 위기에 처하지만, 정상원이 새롭게 합류하면서 위기를 극복할 수 있었다. 그런데 그가 넥슨에 합류하게 된 계기가 흥미롭다.

게임 개발 기간이 길어지면서 처음 받은 투자금도 바닥을 드러낸다. 찬밥 더운밥을 가릴 처지가 아니었던 김정주는 투자자였던 IBM코리아의 제안으로 홈페이지를 구축하는 웹에이전시 서비스를 시작한다. 김정주와 정상원이 처음 만난 것은, KBO한국 야구위원회 홈페이지 구축 계약 수주를 위해 맞붙은 프레젠테이션 장소에서였다.* 김정주의 넥슨이 정상원의 블루버드를 제치고 이 프로젝트를 수주하게 되는데, 사실 넥슨이 용역을 혼자 다 하기에는 그 규모가 너무 컸다. 이때 김정주는 김정주다운 선택을 한다. 경쟁자였던 정상원에게 재하청을 제안한 것이다. 이렇게 관계의 물꼬를 튼 것을 계기로, 정상원은 아예 넥슨으로 합류하게 된다. 정상원도 사실 게임을 만들고 싶어 창업을 했지만, 현실은 그렇지 못해 답답함을 느끼던 차였기 때문이다. 송재경의 퇴사 이후 삐걱거리던 〈바람의 나라〉 개발은 다시 속도를 내기 시작한다.

사람의 빈 자리는 돈이나 열정만으로 채울 수 있는 것이 아니다. 사람의 자리는 역시 사람으로 채워야 한다. 김정주는 사람을 얻기 위해 경쟁자였던 정상원에게 손 내밀기를 주저하지 않았다. 제갈량이라는 천하의 인재를 얻기 위해 삼고초려三顧草廬의 수고와 정성을 마다하지 않았던 유비의 절박한 마음과 같지 않았을까. 그렇게 〈바람의 나라〉는 마침내 정상원의 손길을 거쳐 세상에 나올 수 있었다.

초기 넥슨 시절 김정주와 함께했던 사람은 그들뿐만이 아니었다. 천재 개발자로 이름을 날리던 김상범, 처음 아르바이트생으로 왔다가 넥슨의 개발 책임자가 된 서민, 넥슨을 글로벌 기업으로 발돋움시킨 데이비드 리, 넥슨의 해외 사업을 책임진 최승우 등 수많은 '좋은 사람'이 김정주 곁에서 넥슨의 성장에 큰 힘을 보탰다. 넥슨은 김정주 혼자만의 회사가 아니었다.

"원론적인 얘기지만 '사람'이 좋아야 합니다."

김정주는 늘 '좋은 사람'을 강조했다. 이것은 사람을 뽑고 일을 맡길 때뿐만 아니라, 다른 회사를 인수합병할 때도 중요한 기준이었다. 그가 인수합병에 적극 나섰던 것은 회사와 그 회사의 좋은 인재도 함께 인수하겠다는 의지도 중요하게 작용했기 때문이다. 김정주에게 있어 좋은 사람이란, 단순히 인성 좋고 실력 좋은 사람만을 의미하지 않았다. 지속 가능한 기업을 만들려면 그 기업을 이루는 구성원들도 역시 지속 가능해야 한다. 사람은 언제든지 쉽게 갈아 끼우는 소모품 따위가 아니다. 그 성능을 잘 유지하여 오래 사용할 수 있도록 세심한 관리가 필요한 엔진과 같다. 사람이라는 엔진이 잘 돌아갈 때 사업이라는 자동차가 움직일 수 있는 추진 동력이 생긴다.

유능한 사람보다 좋은 사람을 택하겠다

삼성이 세계적인 기업으로 성장한 배경에는 여러 이유가 있겠지만, 창업주 이병철 회장 이래 인성을 갖춘 인재를 중시했던 경영 방침도 빼놓을 수 없다. 삼성에서 20여 년간 인사를 담당했던 조영철 사장이 말단 인사팀 직원이었을 때 이병철 회장이 그를 직접 불러 당부한 말이 있었다고 한다.

"조군, 사람을 뽑을 때는 밝고 씩씩한 사람으로 뽑아야 한데이."

적극적이고 열린 사고방식을 가진 사람이라면 학벌이나 학점 따위는 크게 중요하지 않다는 것이 삼성의 기본적인 인재관이라고, 그는 술회한다.[1] 김정주의 관점 또한 이와 크게 다르지 않았다. 늘 유능한 사람보다는 좋은 사람이 더 중요하다는 것을 강조했다.

"지속 가능한 기업이 되려면 오랫동안 함께 일할 만한 사람을 고르는 것이 가장 중요하다고 생각합니다. 오랫동안 함께할 만한 사람으로 좋은 사람과 유능한 사람 둘 중 하나를 골라야 한다면 나는 '좋은 사람'을 택하겠습니다."[2]

안타까운 현실이지만 지금도 회사를 본인만의 소유물이라 생각하는 오너들이 있다. 그들은 회사에서 자신의 말이 곧 법이고, 직원들을 그저 자신의 수족으로 여긴다. 심지어 직원들을 머슴처럼 대하고, 그 직원들 또한 스스로 머슴이라며 자조하기도 한다. 90년대 말 IMF 외환위기의 신호탄이 된 한보 사태의 중심에 있었던 정태수 한보그룹 회장은 청문회에서 자신이 앉힌 최고 경영자를 향해 "머슴이 뭘 알겠느냐?"라는 발언으로 논란을 자초한 바 있었다. 한 재벌 총수는 사석에서 누군가 "경영 능력이 탁월하고 직원의 두터운 신뢰를 받는 전문 경영인이 있으면 어떻게 하겠느냐?"고 묻자, "잘라야지!"라고 답했다고 한다.[3] 그들에게는 좋은 사람이 필요하지도, 있어서도 안 된다. 그저 꼭두각시처럼 자신의 지시에 상명하복하는 부하 직원만 필요할 뿐이다.

하지만 김정주는 달랐다. '유능한 머슴'이 아니라 '좋은 동료'를 얻고자 했다. 자신이 완벽한 사람이 아님을 스스로 잘 알고 있었고, 그 부족함을 오랫동안 가까이에서 채워 줄 수 있는 사람을 원했다. 넥슨이 '한때 잘 나갔지만 지금은 흔적도 없이 사라진 회사들' 가운데 하나가 되지 않으려면 오랫동안 함께할 수 있는 좋은 사람들에 그 해답이 있다고 보았다. 넥슨이 지금까지 숱한 위기를 넘기며 꾸준한 성장을 거듭할 수 있었던 원동력은, 그처럼 좋은 사람들이 회사를 함께 만들어 나간다는 DNA가 깊게 박혀 있기 때문이 아닐까.

사람 보는 안목을 길러라

읍참마속 이야기로 돌아가 보자. 참모로서, 실무자로서 제갈량이 보여준 능력은 거의 완벽에 가까웠다. 하지만 최고 책임자로서 지휘했던 북벌 프로젝트가 실패한 원인은 그가 리더로서 행사한 인사권의 실패에서 비롯되었다. 사실 이런 사례는 우리 주변에서도 쉽게 볼 수 있다. 실무자일 때 최고의 실력을 보이던 팀원이, 정작 팀장이 되었을 때 실패하는 사례를 종종 본다. 반대로 실무 능력은 뛰어나지 않았지만, 팀장이 되어 훌륭한 성과를 내는 경우도

19

흔하다. 그 이유는 간단하다. 팔로워에게 요구되는 능력과 리더에게 요구되는 능력은 완전히 다르기 때문이다.

리더가 갖추어야 할 가장 중요한 능력 가운데 하나는 바로 사람을 다루는 능력, 즉 인사人事다. 작게는 업무 분장을 하는 것부터 주요 보직에 임명하거나 면직하는 것까지 모두 인사의 영역이라 할 수 있다. 결국 회사 일은 사람이 하기에, '인사가 만사'라는 말은 결코 과장된 말이 아니다. 그래서 더 높은 자리에 오를수록 더 많은 인사권이 부여된다. 특히 규모가 작은 스타드업 회사에서는 대표이사가 직접 거의 모든 인사권을 행사한다.

인사를 2단계 프로세스로 매우 단순화시키면, 일의 적임자를 찾는 것이 1단계, 그 적임자에게 일을 맡기는 것이 2단계다. 그 역할을 제대로 수행할 만한 사람을 찾아내는 것이 가장 중요하고, 그런 사람을 찾았으면 그에게 전폭적으로 일을 맡기고 신임해야 한다. 그런데 만약 1단계부터 실패한다면 2단계도 자연스럽게 실패할 가능성이 높다. 제갈량의 사례처럼 말이다. 그렇기에 리더에게 사람을 보는 안목은 절대적으로 중요한 능력이고, 특히 시스템이 잘 갖춰지지 않은 스타트업에서는 좋은 사람을 채용하는 것이 매우 중요한 일이다.

김정주가 지속 가능한 기업을 만들려면 오랫동안 함께 일할 만한 사람을 '고르는 것', 즉 안목이 중요하다고 한 이유도 여기에 있다. 하지만 그 사람의 자질을 한눈에 알아볼 수 있는 초능력이 있는 것도 아니고, 대단한 관상가도 아니기에 그런 사람을 찾기 매우 어렵다. 그렇다면 사람 보는 안목은 어떻게 기를 수 있을까? 공부를 잘하려면 열심히 공부하는 것 외에는 왕도가 없듯이, 사람 보는 안목을 기르는 것도 역시 수많은 사람을 직접 만나는 것 외에는 왕도가 없다. 결혼해서 평생 함께할 동반자를 만나려면 많이 만나 보고 많이 사귀어 보기도 해야 한다는 말과 같은 맥락이다.

김정주는 회사 안에 앉아 있는 날이 거의 없었다. 그는 상주하는 집무실조차 딱히 마련되어 있지 않았고, 심지어 그를 알아보지 못한 경비원이 막아서는 바람에 회사에 들어가지 못하는 일이 있을 정도였다. 그는 회사 경영을 다른 사람들에게 맡기고 회사의 도움 없이 혼자 일본, 중국, 미국, 유럽 등 해외를 돌아다니며 사람을 만났다. 넥슨이 더 좋은 회사가 될 수 있도록 밖을 돌면서 좋은 사람을 찾고, 그런 사람을 만나면 늘 '같이 일하자'고 제안했다. 그가 넥슨 CEO를 맡긴 EA 부사장 출신의 오웬 마호니도 그런 사례였다. 1990년대 중반부터 10년 넘게 관계를 지속하며 오랫동안 알고 지내다 넥슨을 더 키울 사람이라는 확신을 가지게 되어 영입했다.[4] 좋은 사람을 찾고, 만나고, 관계를 통해 어떤 사람인지 알게 되면 자신의 동료가 되어 달라고 손 내미는 것이 김정주의 방식이었다.

사람은 사회적 동물이다. 서로가 서로에게 영향을 주고받으며 성장한다. 그렇기에 어떤 사람을 내 곁에 두는가는 매우 중요한 문제다. 매사에 부정적인 사람들과 함께 있다 보면 나도 부정적으로 변하고, 늘 긍정적인 사람들 곁에 있으면 나도 긍정적인 사람이 될 가능성이 높다. 대수의 법칙, 즉 어떤 일을 몇 번이고 되풀이하면 특정 사건이 일어날 비율이 일정한 값에 가까워진다는 이 경험 법칙은 우리 인생에서도 동일하게 적용된다.

어떤 사람이 되길 원하는가? 혹은 어떤 인생을 실기 원하는가? 좋은 사람이 되고 싶다면, 좋은 사람을 찾아라. 그리고 좋은 사람을 곁에 두고 싶다면 나 자신부터 먼저 좋은 사람이 될 수 있도록 노력하라. 좋은 사람과 좋은 사람이 만났을 때 서로에게 긍정적인 영향을 미치며 함께 성장할 수 있다. 좀 더 의미 있게 살아갈 수 있는 인생의 동반자를 얻을 수 있다.

김정주에게서 배우는 메시지

유능한 사람이 되기에 앞서, 먼저 좋은 사람이 되도록 하자. 좋은 사람이
되면, 다른 좋은 사람들이 나의 부족한 부분을 채워 줄 수 있다.

PART 2

자기객관화

"제가 언제부터 이 회사는 내가 못 다닐
회사라고 느꼈느냐면, 극단적으로
얘기하면, 넥슨의 인원이 한 30명쯤
됐을 때였던 것 같아요."

_ 회고록《플레이》中

"넥슨이 일정 규모로 성장하기 이전에도
나 자신이 회사 경영을 잘할 수 있는
타입이 아니라고 생각해 여러 전문가와
함께 일했다."

_ 2014 NDC 넥슨 개발자 컨퍼런스 대담 中[5]

마이클 조던이 농구를 잘했던 이유

마이클 조던은 미국 역사상 최고의 농구선수를 뛰어넘어 최고의 스포츠 스타로 기억된다. 그는 자신의 소속팀을 6차례 NBA 챔피언으로 이끌었고, 득점왕을 10번이나 차지했다. NBA 역사상 첫 200스틸과 100블록 성공, 통산 평균 득점 역대 1위, 플레이오프 단일 경기 최다 득점, 통산 플레이오프 평균 득점 역대 1위…. 그가 일군 최고의 기록들은 헤아릴 수 없을 정도다. 마이클 조던이 뛰어난 농구 실력을 발휘할 수 있었던 비결은 무엇일까? 여러 가지가 있겠지만 본질적인 이유는 다름 아닌 이것이다.

'농구를 최고로 잘할 수 있는 사람이 농구를 했기 때문이다.'

그는 인생의 두 번째 도전으로 야구를 선택했지만, 농구선수로서 떨쳤던 명성에는 훨씬 미치지 못하는 성적을 남겼다. 사실 마이클 조던만 그런 것은 아니다. 만약 손흥민 선수가 축구가 아닌 야구를 했다면 어땠을까? 혹은 축구를 했더라도 공격수가 아닌 골키퍼를 했다면? 확신할 수는 없지만 아마 지금만큼 대단한 선수로 성장하지는 못했을 가능성이 크다. '잘할 수 있는 것을 하는 것'. 실력을 최대한 발휘하기 위한 첫 번째 전제 조건이다. 아무리 뛰어난 축구선수라 해도 공격수와 수비수, 골키퍼 혹은 감독까지 모든 영역을 최고로 해낼 수 있는 사람은 없다. 자신이 잘하는 것을 발견하고, 그것에 집중하는 사람이 성공할 확률이 더 높다.

이것은 사업에도 동일하게 적용된다. 회사는 기본적으로 사업을 하며 이윤을 추구하는 조직이지만, 개발, 영업, 전략기획, 인사, 재무 등 다양한 분야를 필요로 한다. 아무리 뛰어난 사업가라고 해도 모든 일을 전부 다 잘할 수 있는 사람은 없다. 마이클 조던이 농구를 하고 손흥민이 축구를 했을 때 최고의 실력을 보인 것처럼, 사업가는 사업을 잘해야 한다. 물론 인사나 재무 같은 영역도 어느 정도 이해하고 있으면 더 좋겠지만, 그것까지 최고일 필요는 없다. 자신의 부족한 부분을 채워줄 인재를 찾아서 옆에 두는 것이 훨씬 중요하다.

김정주라 해서 다르지 않았다. 그는 사업 수완이 매우 뛰어난 사업가였다. 시장이 돌아가는 상황을 냉정하게 분석하고, 필요할 때는 과감하게 베팅하는 승부사 기질도 갖추고 있었다. 그럼에도 그는 사업 외의 모든 영역을 전문적으로 이해하고 있는 것은 아니었다. 이 사실은 김정주 스스로도 잘 알고 있었다.

현실에 슈퍼맨은 존재하지 않는다

넥슨은 작은 스타트업 회사에서 출발했다. 1994년 12월 26일, 김정주, 송재경, 유정현 이 세 사람이 함께 사업을 시작하던 초창기 시절은 김정주의 표현대로 '동아리' 수준이었다. 송재경은 게임 기획과 개발을 맡고 유정현은 회사 안살림을 맡는 동안, 김정주도 회사와 관련된 여러 일을 도맡아 할 수밖에 없었다. 새로운 직원들이 몇 명 더 들어온 이후에도 마찬가지다. 인력과 자원이 부족한 스타트업 조직에서 개발, 영업, 전략기획, 인사, 재무 등등의 담당자를 다 따로 둔다는 것 자체가 어불성설이다.

하지만 조직의 규모가 커진 이후는 얘기가 달라진다. 팀장들도 보통 팀원이 5명을 넘어가면 관리가 어려워지기 시작하는데, 조직 규모가 훌쩍 커버린 회사의 대표가 모든 직원을 일일이 관리한다는 것은 현실적으로 불가능하다. 그래서 어떤 회사든 성장 속도와 상황에 맞게 내부 조직을 신설하고, 그 담당자를 두어 간접적인 관리를 시작한다. 그것이 일반적이면서 정상적인 모습이다. 아무리 뛰어난 팔방미인 대표라도 그 모든 일을 홀로 다 잘할 수는 없다. 그렇기에 자신을 도와줄 사람을 찾고 일을 맡기는 것이 매우 중요하다. 김정주는 자신이 모든 분야에 있어 슈퍼맨이 될 수 없다는 것을 잘 이해하고 있었다.

"제가 언제부터 이 회사는 내가 못 다닐 회사라고 느꼈느냐면, 극단적으로 얘기하면, 넥슨의 인원이 한 30명쯤 됐을 때였던 것 같아요. (…) 인간의 인지 능력으로는 조직원이 30명을 넘어가면 이름을 다 기억하지 못해요. 100명 정도 될 때 정상원한테 회사를 맡겼죠. 그러다 회사가 동아리에서 기업으로 변모하는 시기가 있었는데 그땐 데이비드 리한테 맡겼죠. 그때 이미 난 못한다는 생각이 있었던 것 같아요."**

김정주는 회사 직원이 30명이 넘어갔을 때 자신의 능력으로는 조직 관리가 쉽지 않다는 것을 느꼈고, 100명이 넘어가자 아예 회사를 다른 사람에게 맡겼다. 그리고 가장 잘할 수 있는 사업가 본연의 일에만 집중했다. 김정주는 자신이 잘할 수 있는 것과 잘할 수 없는 것을 정확히 구분할 줄 아는 사람이었다. 자신이 잘할 수 있는 일에 고도로 집중하되, 자신이 잘할 수 없다고 생각되는 일에는 필요한 사람을 데려와 일을 맡길 줄 알았다. 이것은, 그가 자기객관화를 할 줄 아는 인물이었기 때문이다.

모든 것을 잘할 수 있다는 착각을 버려라

'더닝 크루거 효과Dunning-Kruger effect'라는 현상이 있다. 코넬대 교수와 대학원생이었던 데이비드 더닝과 저스틴 크루거는 대학 학부생들을 상대로 실험을 한다. 20가지 논리적 사고 시험을 치르게 한 뒤 자신의 예상 성적 순위를 제출해 보라고 한 것이다. 그 결과는? 성적이 낮은 사람은 순위를 높게 예상했지만 반대로 성적이 높은 사람은 스스로 낮게 평가했다고 한다. 미숙한 사람들은 자신의 부족함을 알아차리지 못하고 실제 자기 능력보다 더 뛰어난 능력을 가졌다 믿는 우월감에 빠져 있지만, 반대로 고도로 숙련된 사람들은 자신이 부족한 점을 알기에 자신의 능력을 과소평가한다는 것이 더닝 크루거 효과의 요점이다.[6)]

이 실험 논문에 실제로 나타나지는 않지만, 한 그래프가 더닝 크루거 효과를 극적으로 표현해 인터넷에 널리 회자되고 있다. 이 그래프는 지식과 자신감의 상관관계를 명확히 보여준다. 지식이

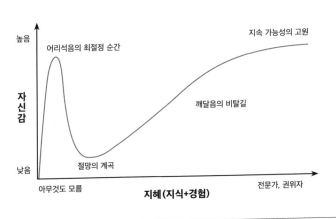

더닝 크루거 효과 그래프

아예 없으면 자신감도 전혀 없다. 그런데 얕은 지식이 생기기 시작하면 자신감이 급격히 상승하다가 정점을 찍는다. 그러다 더 많이 알면 오히려 자신감은 매우 낮아졌다가 지식이 계속 축적되는 과정 속에 자신감도 다시 완만하게 회복되는 경향을 보인다. 재미있는 것은 '아주 조금 알고 있을 때'와 '그 분야의 권위자Guru가 되었을 때'의 자신감을 거의 비슷하게 표현했다는 사실이다. 특정 분야에서 오랫동안 일하면서 전문성을 쌓아온 경우가 아니라면 그 분야에 대해 잘 알기 어렵다는 건 너무 당연한 사실이다. 그런데 막 창업한 대표라면, 자신이 전문적으로 알고 있는 분야 외에도 회사와 관련된 전반적인 지식을 조금씩 습득한다. 직원을 채용하고 월급을 줘야 하니 인사에 대해서도 조금 알게 되고, 회사의 제품을 팔아야 하니 영업 기법에 대해서도 자연스레 이해가 생긴다. 그렇게 어느 정도 지식이 쌓이다 보면 자신도 전문가 못지않게 잘할 수 있겠다는 자신감이 높아진다. 이 그래프에서 꼬집는 것처럼 '어리석음의 최절정 순간Peak of "Mount Stupid"'에 빠져 버리는 것이다.

이 순간이 무척 위험한 이유는 지나친 자신감으로 인해 섣부른 판단을 할 가능성이 매우 높아지기 때문이다. 특히 대표의 비중과 영향력이 절대적인 스타트업 회사에서 잘못된 오판은 회사 전체를 위기에 빠뜨릴 위험이 있다. 그래서 전문적이고 중요한 영역일수록 대표의 판단은 신중해야 하며, 그의 판단을 도와줄 인재가 반드시 필요하다.

안타깝게도 많은 사업가들이 이 늪에 빠지는 모습을 본다. 사업이 조금씩 안정 궤도에 오르고 작은 성공을 여러 번 경험하고 나면, 자신감이 과신으로 이어지기 시작한다. 이것이 과도해지면 이성적이고 객관적인 판단을 흐리게 만드는 데까지 이른다. '제 잘난 맛에 빠진' 상태가 되면 거만한 태도로 자신보다 못하다 여겨지는 사람들을 함부로 깔보는 경향까지 함께 보인다. 찰스 다윈은 "무지는 지식보다 더 확신을 가지게 한다."라는 격언을 남겼다. 직접 시행착오를 겪으면서 자신이 무지했음을 스스로 깨달아가는 것도 의미 있겠지만, 그 과정에서 값비싼 수업료를 지불하지 않으려면 자기객관화 능력이 매우 중요하다. 내가 모든 것을 잘할 수 있는 슈퍼맨이 아니라는 사실을 인정하고 부족한 부분을 채워줄 좋은 사람을 곁에 두고 제대로 일을 맡기는 것, 그것이 바로 리더의 진정한 실력이다.

리더가 반드시 갖춰야 할 실력, 위임

리더가 모든 일을 홀로 다 잘할 수 없다면, 진정으로 필요한 능력이 바로 위임이다. 조직 규모가 커질수록 리더의 위임 능력은 더 중요하다. 리더가 조직 전반의 세세한 일까지 모두 직접 챙기기란 불가능하므로 누구든 피할 수 없는 일이기도 하다. 그래서 그 일에 적합한 사람을 찾고, 그 사람에게 적합한 일을 맡기는 것 자체가 리더의 능력이다. 팀장에서 임원, 대표이사로 직급이 올라갈수록 위임 능력은 더 중요하다.

위임은 자신의 일, 혹은 권한 일부를 내려놓겠다는 말과 같다. 무척 어려운 일이지만 리더라면 해내야 한다. 실무자였을 때 뛰어나던 직원이 팀장이 된 이후에도 여기저기 세밀히 간섭하며 실무를 직접 챙기다가 조직이 망가진 사례는 매우 흔하다. 팀장에게도, 팀원에게도 매우 불행한 일이다. 리더는 과감히 일을 팀원에게 맡기고, 지원하되 함부로 간섭하지 말고 차분히 지켜봐야 한다. 대신, 그 결과가 좋지 못하면 책임지고 수습할 준비를 항상 해야 한다. 위임과 책임은 연동되어 있음을 알아야 한다.

상황 때문에 자신의 권한 일부를 마지못해 위임은 했지만, '그래, 어디 한번 잘하나 두고 보자'라는 시각으로 위임하는 리더가 있다. 위임은 했지만 그 결과를 책임질 생각이 없는 리더는, 오히려 그 직원이 실패하기를 기다린다. 실패하면 예전처럼 일일이 간섭할 명분으로 삼기 위해서 말이다. 장담하건대 그런 조직은 절대 성장하지 못한다. 좋은 사람들도 결국 다 떠나간다.

회사가 어느 정도 규모가 되면 많은 사장들은 자신만의 멋진 집무실 마련을 으레 꿈꾸기 마련이지만, 넥슨에는 그런 공간이 없었다. 김정주에게는 회사 주변 맥도날드가, 커피숍이, 피자 가게가 곧 그의 사무실이었다. 필요하면 직원을 맥도날드로 불러서 함께 감자튀김을 먹으며 얘기를 나눴다. 이것은 그가 형식에 얽매이지 않는 자유분방한 리더였음을 보여 주기도 하지만, '일단 일을 맡겼으면 간섭하지 않는 경영자'였음을 잘 보여 준다. 이러한 리더십이 넥슨을 단단한 반석 위에 올리는 기초가 되었다.

자신이 잘하는 것에 집중하라

아이가 아주 어릴 때 기본적인 한글이나 덧셈 뺄셈 정도는 부모가 가르칠 수 있다. 하지만 아이가 어느 정도 장성하고 나면 그것이 지식이 되었든 교육 방식이 되었든 자녀 교육이 한계에 부딪히는 시점이 온다. 그래서 학교에 보낸다. 선생님들이 교육에 있어 최고의 전문가고, 권위자니까. 일단 선생님께 아이 교육을 일임했다면 믿고 맡겨야 한다. 그리고 한발 물러서서 성원을 보내고 때로 따뜻한 말 한마디라도 고마움을 전하는 것으로 족하다. 그것은 아이를 방관하는 것이 아니라, 오히려 아이를 잘 키우기 위한 길이다.

스타트업 회사도 마찬가지다. 회사 규모가 작을 때는 대표가 모든 걸 일일이 챙길 수 있지만, 김정주의 표현을 빌리자면 30명 이상이 넘어갔을 때부터는 그것이 불가능해진다. 물론 회사마다, 대표마다 다르겠지만 50명이든, 100명이든 어쨌든 그런 시점은 반드시 온다. 한 기업의 전방위적 일을 혼자서 다 해내기에는 리더가 해야 할 일이 너무 많다. 그때부터는 리더로서 더 잘할 수 있는 분야에 집중하고, 그렇지 않은 업무는 그 분야의 전문가에게 제대로 맡겨야 한다. 그리고 그 시작은 '자기객관화'에서 출발한다. 초기의 성공에 심취하여 자신을 무엇이든 다 해낼 수 있는 슈퍼맨으로 착각하면 곤란하다. 그런 존재는 영화 속에나 있지, 현실에는 존재하지 않는다. 심지어 그런 영화 속 주인공조차 때때로 실패할 때가 있다는 것을 기억하자.

자신이 잘하는 것에 집중하라. 그것을 위해 먼저 자기객관화를 시도하라. 특히 큰 조직을 이끄는 리더라면 그것은 선택이 아니라, 필수다.

김정주에게서 배우는 메시지

내가 잘할 수 있는 것과 그렇지 못한 것을 제대로 구분하고, 있는 그대로 인정하는 것이 성공의 첫걸음이다.

PART 3

플랫폼

"바람의 나라가 최초의 소셜 게임이라고
우겨보고 싶은 마음입니다."

_ 넥슨 컴퓨터박물관 개관 기념 토크쇼 中

"서로가 믿고 진지해지면 그때 사업
이야기를 나누고 성과도 좋아지죠.
10년 이상 보면 남는 사람들이 있고,
그 사람들이 내 사람이 되는 겁니다."

_ 50회 KOG 아카데미 특별강연후 기자들과의 인터뷰 中 [7]

북한은 왜 유튜브 채널 개설을 반복할까?

동영상 플랫폼인 유튜브에 북한이 국가 체제를 선전하기 위한 채널을 개설했다는 신문 기사를 본 일이 있다. 그런데 운영 정책에 맞지 않는 영상을 올렸기 때문인지 관리자가 채널을 계속 삭제했다고. 그래도 다시 만들고 삭제당하고 또 만들고를 반복하고 있다는 기사였다. 사실 유튜브 운영사인 구글이야말로 북한이 적대시하는 미국 자본주의의 상징과도 같은 회사다. 그런 구글이 구축해 놓은 플랫폼 시스템 안에 북한이 어떻게든 편입되려는 것을 보면, 플랫폼의 힘이 참 대단하다는 것을 새삼 느낀다.

유튜브뿐만 아니라 많은 사람들이 사용하는 네이버, 카카오톡, 애플 앱스토어, 구글플레이, 페이스북 같은 것들은 모두 플랫폼이라 할 수 있다. 플랫폼은 정보 시스템 환경을 구축해 누구나 다양하고 방대한 정보를 활용할 수 있도록 제공되는 기반 서비스를 의미한다. 사람들은 자신이 원하는 정보를 얻거나 다른 사람들과의 교류를 위해 플랫폼을 이용한다. 동영상을 보러 유튜브에 들어가고 지인들과 연락하기 위해 카카오톡을 사용하듯이 말이다. 사람들은 플랫폼을 통해 각자 원하는 정보를 얻거나 즐거움을 찾는다.

플랫폼을 운영하는 회사 차원에서는 일단 많은 사람들이 그 플랫폼을 이용하는 게 중요하다. 많은 회사가 자사의 플랫폼을 공짜로 개방하는 이유가 여기에 있다. 그렇게 많은 사람들이 플랫폼 이용자가 되면, 그 이용자 수가 곧 플랫폼의 힘이 된다. 어마어마한 돈을 벌 수 있는 초석이 되는 것이다. 예를 들어 유튜브의 경우, MAU Monthly Activity User, 월간 활성 이용자 수가 높으면 광고주들은 큰돈을 지불해서라도 여기에 광고를 노출하고 싶어 한다. 그래서 광고를 노출해 주는 대가로 돈을 받아 동영상 제작자와 플랫폼 제공자가 그 수익을 나눈다. 북한이 유튜브 플랫폼 안으로 들어오고 싶어 하는 이유도 여기에 있다. 전 세계 이용자들이 함께 있는 플랫폼을 통해 자신들의 체제를 좀 더 효과적으로 선전하면서 돈도 벌 수 있기 때문이다. 그 자존심 강한 북한이 계속 채널을 삭제 당해도 새로 계정을 개설하는 이유다.

게임, 플랫폼이 되다

플랫폼으로 돈을 벌기 위해서는 최소한 두 가지 조건이 필요하다. 일단 이용자들이 많이 모여야 한다. 그리고 그렇게 모인 이용자들이 쉽게 이탈하지 않아야 한다. 독점적인 서비스를 제공하는 것이 아닌 이상, 언제든지 쉽게 찾았다가 쉽게 떠날 수 있는 곳이 플랫폼이다. 마케팅에 큰 비용을 쏟아부으면 이용자 수를 반짝 늘리는 것은 가능하겠지만, 그 이용자들을 플랫폼 안에 오랫동안 붙잡아 두는 것은 쉬운 일이 아니다. 정보가 되었든, 즐거움이 되었든, 인적 네트워크가 되었든, 그 플랫폼을 통해 유의미하다고 여기는 무언가를 얻을 수 있어야만 사람들은 그곳에 머문다.

게임 자체는 콘텐츠지만, 여러 사람이 동시 접속하여 함께 즐긴다는 점에서 온라인게임도 플랫폼의 성격을 지닌다고 할 수 있다. 온라인게임에 최대한 많은 사람이 모여야 하는 이유는 수익 창출 외에 또 하나의 중요한 의미가 있다. 야구도 여러 사람이 어울려 함께 응원하며 즐겨야 더 재미있듯, 온라인게임도 여러 사람이 교류하며 즐겨야 더 재미가 있다. 김정주는 자신이 만든 게임이 그런 기능을 한다는 점에 대해 뿌듯하게 여겼다. 그에게 있어 게임은 단순히 돈 버는 수단이 아니라, 수많은 사람을 이어주고 함께 즐기는 공간이었다.

"Ctrl+W키를 통해 나의 친구들을 확인할 수 있었고, 접속해 있는 사람들이 모두 나의 친구가 됐죠. 그 친구들을 모두 소환할 수 있고 결혼할 수 있고, 싸울 수 있는 최초의 소셜 게임이라고도 우겨보고 싶은 마음입니다."[8]

김정주는 자신의 강점이 무엇인지 파악하고 그것에 집중할 줄 아는 사업가였다. 넥슨 게임을 한 곳에 모아둔 '넥슨닷컴'이란 사이트가 있지만, 그것이 본격적인 플랫폼 사업 확장까지 의미한 것은 아니었다. 김정주는 넥슨을 콘텐츠 회사로 정의했고, 플랫폼

영역까지 크게 욕심내지는 않았다.[9] 하지만 〈바람의 나라〉가 소셜 게임의 기능을 했듯이, 그가 만든 온라인게임은 그 자체가 사람들을 한 공간에 불러 모으는 플랫폼 역할을 했다.

플랫폼은 원래 수많은 기차가 지나다니는 승강장을 뜻하는 단어다. 기차들이 수시로 오가는 공간이지만 정작 그 기차는 플랫폼에 소속된 게 아니다. 플랫폼은 기차가 승객을 태울 수 있는 공간만 제공할 뿐이다. 기차가 잠시 쉴 수 있고, 승객들이 편리하게 기차를 이용할 수 있는 공간. 플랫폼의 가치는 여기에서 빛난다. 사람들이 인생이라는 기차를 타고 지나가다 잠시 게임이라는 플랫폼에 들러서 일상의 시름을 잠시 잊고 쉴 수 있는 곳. 김정주가 만든 온라인게임에는 그런 의미가 담겨 있다.

놀러 와!

시야를 넓히면, 회사도 플랫폼이라 할 수 있다. 여러 이용자가 플랫폼을 들락날락하듯이, 오늘도 직장인들은 회사에 새롭게 입사해서 다니고, 혹은 그만둔다. 나에게 도움이 되는 플랫폼은 이용자의 충성도가 높은 것처럼 좋은 회사는 많은 이들이 다니고 싶어 하고 오래 머무르고자 한다. 특히 충분한 보상을 받으면서도 역량을 마음껏 드러내며 일할 수 있고, 또 좋은 동료들과 함께 자신의 커리어를 성장시킬 수 있는 회사라면 가히 꿈의 직장이라 할 만하다. 정말 실력 있는 인재들은 단순히 월급 하나만 바라보며 회사에 들어가지 않는다. 자신의 역량을 얼마나 잘 펼칠 수 있고, 스스로 성장할 수 있는 조건을 갖추고 있는 플랫폼인지를 함께 살펴본다.

특히 스타트업 회사가 지속 가능성을 가지려면 3가지 조건이 필요하다. 우선 그 회사의 '존재 목적'이 분명해야 한다. 사업 아이템이나 아이디어는 거기서 나오는 부산물일 뿐이다. 그리고 기업으로서 살아남아 그 비전을 실현해 갈 수 있는 '자금'이 있어야 한다. 마지막으로 그렇게 만들어진 회사라는 공간에 좋은 인재가 모여들어야 한다. 김정주에게는 세계 최초의 그래픽 온라인게임을 만들겠다는 분명한 존재 목적이 있었다. 비록 창업 초기에는 자금 부족에 시달렸지만 웹에이전시 사업이라는 캐시 카우를 통해 그 존재 목적을 향해 계속 달려갈 동력을 만들었다. 그리고 마지막으로 가장 중요한 사람을, 이 넥슨이라는 플랫폼에 열심히 채워 넣었다. 김정주의 사업 과정은 오랫동안 함께할 좋은 사람들을 계속 모으는 과정이었다 해도 과언이 아니다. 이때 김정주가 함께하자고 제안하면서 던진 말은 이 한마디였다.

"놀러 와!"

같은 과 동기였던 송재경이 학창 시절 이 말을 들었고, 넥슨코리아 대표였던 서민, 한때 라이벌이었지만 동지가 되었던 정상원, 〈퀴즈퀴즈또는 큐플레이, 이하' 퀴즈퀴즈 〉와 〈메이플스토리〉를 만든 이승찬, 〈마비노기〉 개발자 김동건, 넥슨 일본법인 대표였던 최승우 등 넥슨의 핵심 멤버가 되었던 많은 사람이 김정주와 인연을 맺게 되었을 때 이 말을 들었다. 김정주는 온갖 미사여구로 회사의 비전을 포장하며 스카우트하는 대신 그저 놀러 오라는 말 한마디를 건넸다. 그리고 많은 인재가 그 말을 듣고 넥슨을 자신의 회사로 선택했다. 그렇게 들어온 회사에는 딱히 업무 지침도, 정해진 직책이나 역할도 정해진 것이 없었다. 그저 김정주는 "그럼 잘해 봐!"라는 말을 다시 건넸을 뿐이다.*

김정주는 놀이터 같은 플랫폼을 제공해 주었고, 그들은 정말 그 놀이터에서 자기가 하고 싶은 일을 하면서 놀았다. 세계 최초의 그래픽 온라인게임 〈바람의 나라〉는 그렇게 탄생했고, 캐주얼게임의 새로운 장을 연 〈퀴즈퀴즈〉도, 오락실게임을 구현한 〈크레이지아케이드비엔비〉도, PC방게임의 절대강자였던 〈스타크래프트〉의 아성을 무너뜨린 〈카트라이더〉도 그렇게 탄생했다. 어느 것 하나 김정주가 직접 강압적으로 밀어붙이며 만들라고 지시하지 않았다. 심지어 대박을 터뜨리며 국민게임으로 등극했던 〈카트라이더〉를 성공하기 힘든 게임이라고 판단하기도 했다. 하지만 그렇게 만들어진 게임들이 흥행에 성공하며 넥슨의 눈부신 성장을 이끌었다. 김정주가 놀러 오라고 했던 사람들이 넥슨이라는 플랫폼을 마음껏 이용하면서 만들어 낸 결실이었다.

프로 직장인들을 위한 놀이터

김정주가 넥슨을 전문가들이 마음껏 뛰어놀 수 있는 놀이터로 만들 수 있었던 배경에는 한 가지 요인이 더 있다. 그는 고집스러울 정도로 외부 투자를 받지 않았다. 물론 그 이유는 여러 가지가 있었지만, 투자 유치를 통한 외형 키우기보다 회사의 내실을 다지는 데 더 집중해야 한다고 봤기 때문이다. 투자자가 주식 취득을 통해 회사 지분을 보유하게 되면 그들의 간섭 하에 자연스럽게 수익성에 집중할 수밖에 없는 구조로 이어질 것을 우려했다. 만약 넥슨이 사업 초기부터 돈을 버는 것에만 집중하는 회사였다면, 〈카트라이더〉처럼 실패 가능성이 커 보였던 게임은 세상에 나오지 못했을 가능성이 높다. 아니, 애초에 사업 초기에 돈을 벌어다 주던 웹에이전시 사업에 집중하고 게임 사업 자체를 접었을 수도 있다.

김정주는 주주들에게 권한을 넘기는 대신 직원들에게 더 많은 권한을 나누는 것을 선택했다. 수익성 압박에 휘둘리지 않고 개발자들 스스로 원하는 게임을 마음껏 만들 수 있는 환경을 제공한 것이다. 물론 이로 인해 상장이 지연되면서 충분한 보상을 받지 못했다는 직원들의 반발이 터져 나오는 반작용도 있었다. 그럼에도 그가 추구한 사업 방향은 분명했다. 당시 금전적 보상 측면에서 아쉬운 면이 많았지만 그래도 개발자들에게 무형의 보람이 있는 회사를 지향했다는 사실만큼은 부정할 수 없다.* 넥슨이 넥슨만의 색깔이 담긴 창의적인 게임을 여럿 세상에 내놓을 수 있었던 배경에는, 그런 뚝심이 있었기에 가능했다. 그렇게 넥슨은 프로 직장인들을 위한 놀이터가 되었다.

세상에는 인복人福이 많은 사람이 있다. 딱히 대단한 노력을 기울인 것 같지도 않은데 저절로 좋은 사람들이 그 곁에 모이는 것 같은 그런 사람. 하지만 그렇게 모인 사람이 떠나지 않고 계속 옆에 있게 하는 것은 인복과 다른 별개의 능력이 필요하다. 바로 인덕人德이다. 인복은 말 그대로 복이지만, 인덕은 본인이 덕을 쌓아야만 한다. 사람을 아낄 줄 아는 인덕이 있으면 그 좋은 사람들이 곁에 머문다. 20세기 최고의 경영자로 불린 잭 웰치 전 GE 회장은 이런 말을 남긴 바 있다.

"사람에게 투자하라. 가장 소중한 것은 당신과 일하는 사람이며, 그들의 능력을 개발하면서 함께 일해 나갈 수 있는 자질이다."[10]

김정주도 그런 철학을 가진 사람이었다. 그는 사람에게 투자했고, 오랫동안 함께할 수 있는 좋은 사람들의 소중함을 잘 알고 있었다. 그런 가치와 철학 위에서 넥슨은 직원들이 하고 싶은 일을 하며 뛰어노는 놀이터가 되었고, 플랫폼이 되었다. 함께했던 직원이 독립해 회사를 차리면 응원해 주고 힘들 때는 다시 인수하기도 했던 모습은, 사람에 대한 그의 철학을 여실히 보여준 사례라 할 수 있다.[11]

우리 인생도 플랫폼이다

우리의 인생도 플랫폼과 같지 않을까. 인생을 살아가며 많은 인연을 만나고 그들은 우리의 삶을 거쳐 간다. 하지만 그 과정에서 만나는 모든 사람과의 인연을 내 것으로 만들려고 바득바득 애쓰며 살 필요는 없다. 우리는 입버릇처럼 '내 사람'이란 표현을 쓰고는 하지만 사실 사람이란 존재를 어떻게 소유할 수 있을까. 어떤 인연이든 그 본질은 '거쳐감'이다. 1년이 되었든, 수십 년이 되었든 내 곁에 머물렀다가 언젠가는 떠나기 마련인 것이 사람이다. 때로는 내가 플랫폼이 되어줌으로써 사람들이 잠시 멈추어 쉬었다 가고, 또 때로는 소중한 사람이 플랫폼이 되어 준 덕분에 내가 잠시 쉼을 누린다. 그렇게 서로가 서로에게 오랫동안 플랫폼 같은 존재가 되어줄 사람들을 많이 만날 수 있다면, 그게 바로 인복이고 축복이 아닐까 싶다.

플랫폼을 단 하나의 한자로 표현한다면, '停'머무를 정이라 하겠다. 사람亻이 정자亭에 머문다는 뜻의 한자, 停. 우리가 사는 집에는 담이 꽁꽁 둘러쳐져 있지만 정자 주변에는 담이 없다. 누구나 와서 잠깐 앉았다가 땀을 식히며 쉴 수 있는 공간이다. 김정주가 만든 회사는 그런 곳이었고, 그가 살았던 삶도 그런 삶이었다.

정말 소중한 존재는 잠시 내 곁에 머물게 할 수 있을 뿐, 결코 소유할 수 없다. 어차피 우리의 인생 자체가 세상이란 플랫폼에서 잠시 거쳐가는 여정일 뿐이다. 비록 짧은 인생이지만, 그래도 좋은 사람들과 함께 즐거운 추억을 만들 수 있을 정도의 시간은 주어졌다. 김정주가 자신의 동료들과 함께 즐겁게 사업하며 넥슨을 키워 나간 것처럼 말이다.

김정주에게서 배우는 메시지

세상에 영원한 것도, 영원한 관계도 없다. 다만 그들이 내 곁에 최대한
오래 머물러 있도록 좀 더 노력할 뿐이다.

PART 4

수평

"사장은 뭐 그냥 씹히는 게 직업인
거예요. 사원들이 잘 씹으면 씹혀 주면
되는 거예요. 내가 어떻게 다 잘해요.
정답이 없는데."

_ 회고록 《플레이》 中

"모든 사람은 탤런트(타고난 재능)가
있거든요. 훌륭한 사람을 뽑아서
회사를 하는 것이 아니라 사람마다
더 적합하고 일을 잘하는 분야를
찾아주는 것입니다."

_ 〈연합뉴스〉 인터뷰 中

수평적 조직문화란 무엇일까

"님으로 부르는 통일된 수평적 조직문화!"
"조직문화 - 수평적 조직문화, 회식 강요 안 함, 야근 강요 안 함,
자유 복장."
"수평적 조직문화, 님·닉네임 문화, 문화 회식 또는 점심 회식, 자
유로운 연차 사용, 칼퇴근 보장 등."

언제부터인가 채용 공고를 보면, 특히 스타트업 회사의 채용
공고에서 꼭 빠지지 않는 키워드가 있다. 그것은 바로 '수평적 조
직문화'이다. 아무래도 전통적인 대기업은 수직적인 조직문화가
많이 남아 있다 보니, 젊은 인재를 확보하기 위해 수평적인 조직
문화를 그들의 장점으로 어필하려는 모습이라 볼 수 있겠다. 서로
를 '님'으로 호칭하거나 영어 이름으로 부르는 것, 모든 구성원이
존댓말을 쓰도록 하거나 혹은 똑같이 반말을 쓰도록 하는 것, 공
채를 없애고 선후배 관계보다 팀원으로서 동등한 위치임을 강조
하는 것 등이 모두 수평적 조직문화를 만들기 위한 제도적 장치들
이라 할 수 있다.

그런데 이런 제도들을 도입하면 수평적 조직문화가 회사에
저절로 뿌리를 내리게 될까? 아니, 그 전에 수평적 조직문화는 회
사를 위해, 혹은 회사의 구성원들을 위해 반드시 갖춰야 할 전제

조건일까? 너나 할 것 없이 수평적 조직문화를 외치지만 진정한 의미의 '수평'이 무엇인지, 그리고 그것이 왜 필요한지 근본적인 고민이 필요해 보인다. 만약 수직적인 의사결정 구조나 경직성 등은 그대로 둔 채 직원들 간의 수평적 관계를 강조하는 데 그친다면, 권력자 한 사람 아래에서 모든 이가 평등한 독재체제도 수평적 조직문화라 말할 수 있을 테니 말이다. 이것에 대한 해답은, 김정주가 넥슨의 조직문화를 만들어 가기 시작했던 시절의 몇 가지 에피소드에서 그 힌트를 얻을 수 있을 것 같다.

〈바람의 나라〉에는 PK가 없다

넥슨의 첫 온라인게임 〈바람의 나라〉가 인고의 시간 끝에 폭발적인 성공을 거둔다. 당시에는 CD를 넣고 혼자 플레이하는 콘솔게임이 대부분이었고, 여러 사람이 온라인에 동시 접속해 게임을 즐긴다는 개념 자체가 희박했다. 이 시장을 개척해 낸 사람이 바로 김정주였다. 온라인게임 기술력도 단연코 넥슨이 선두 주자였다. 그런데 그 독주 체제는 얼마 가지 못해 깨져버리고 만다. 〈바람의 나라〉를 처음 기획했던 송재경이 엔씨소프트로 이직한 후 만든 게임 〈리니지〉의 등장 때문이었다.

　　〈리니지〉가 지닌 가장 큰 차별점은 PK Player Killing, 게임상에서 다른 플레이어를 죽이는 행위 시스템을 도입한 것이다. 〈바람의 나라〉 개발을 완성한 정상원은 PK가 게임을 무법천지로 만들 것이라고 예상했다. 힘이 약한 초보 게이머들이 견디다 못해 게임을 포기하는 상황이 벌어 질 것이라 보고 PK를 허용하지 않았다. 하지만 막상 PK를 도입한 리니지는 예상과 다른 양상을 보였다. 초보 게이머들은 PK를 당 하자, 오히려 더 의지를 불태우며 게임에 임했다. 거기에다 게이 머들이 PK를 당하지 않기 위해 '혈맹'이란 집단을 만들며 단결했 고, 이것이 게임에 대한 높은 충성도로 이어졌다. 〈리니지〉는 빠른 속도로 시장을 장악해 나갔고, 마침내 〈바람의 나라〉를 추월한다.*

뒤늦게 넥슨 내에서도 PK 시스템을 도입해야 한다는 목소리 가 나왔다. 온라인게임의 선두 주자였던 넥슨이 이제 후발 주자 의 위치에 서서 〈리니지〉를 따라 배워야 하는 입장이 된 것이다. 하지만 정상원과 김상범을 필두로 한 넥슨 개발팀은 여전히 PK 에 대해 부정적인 철학을 갖고 있었다. 주목할 점은 이때 김정주 가 보인 반응이다. 보통 이런 경우라면 대표가 직접 나서서 우리 도 빨리 PK를 도입해 경쟁사 게임을 따라잡으라고 다그치며 나설 법도 하다. 하지만 김정주는 그렇게 하지 않았다. 넥슨은 대표의 말 한마디에 일사불란하게 움직이는 조직도 아니었다. 그렇게 PK 도입 논의는 흐지부지된다. 〈바람의 나라〉는 20년이 지난 지금도 일부 예외적인 상황에서만 허용될 뿐, 원칙적으로 PK가 허용되지 않는다. 2022년에 출시한 신작 게임 〈히트2〉는 유저들이 채널별

PK 가능 여부를 직접 투표해 결정하는 시스템을 도입했다. 이는 PK로 인해 생긴 신규 유저의 진입장벽을 낮추고 최대한 많은 유저들이 게임을 즐길 수 있는 환경을 구축하려는 넥슨의 새로운 시도였다. 여기서도 넥슨만의 독특한 게임 DNA를 볼 수 있다.

〈퀴즈퀴즈〉와 〈카트라이더〉가 성공한 이유

또 다른 넥슨의 게임 〈퀴즈퀴즈〉는 어러모로 그 탄생 과정이 독특했디. 김정주를 비롯한 경영진 누구도 이 게임을 만들라고 지시한 적이 없었다. 병역 특례로 일하던 이승찬이 친구 김진만과 함께 사무실 구석에서 뚝딱뚝딱 만든 게임이었다. 그들도 이 게임이 나중에 본격적인 캐주얼게임 시대를 열게 될 것이라고는 생각조차 하지 못했을 것이다. 그들은 그냥 만들고 싶은 게임을 만들었고, 넥슨은 그런 일탈이 가능한 회사였다.

국민게임으로 등극하며 대히트를 친 〈카트라이더〉는 〈비트댄스〉라는 게임을 기획하다 실패했던 정영석의 주도하에 개발된 게임이다. 정작 김정주와 정상원은 이 게임의 성공 가능성을 그리 높게 보지는 않았지만, 그렇다고 제작을 막지도 않았다. 사실 보통의 회사에서는 프로젝트를 실패한 담당자에게 책임을 묻고, 다시는 기회를 주지 않는 모습도 종종 볼 수 있는 게 현실이다. 하지만 넥슨은 그런 회사가 아니었다. 대표가 반대하더라도 만들고 싶은 게임이 있으면 만들 수 있는 회사였다. 설사 예전에 실패한 경험이 있었더라도 예외없이 말이다.

이때에도 여전히 〈리니지〉는 선풍적인 인기를 끌고 있었지만, 그것에 대항하기 위해 반드시 〈리니지〉의 PK 시스템을 그대로 따를 필요는 없었다. 〈퀴즈퀴즈〉와 〈카트라이더〉를 성공시키며 캐주얼게임 강자의 위상을 굳건히 서는 방식으로, 넥슨답게 그것을 증명해냈다. 넥슨의 '수평적인' 조직문화가 없었다면, 아마 이 게임들은 세상에 나와 빛을 보지 못했을 가능성이 높다.

수평적인 조직 vs 수직적인 조직

오늘날 스타트업을 위시한 수많은 기업들이 수평적인 조직문화를 지향하지만, 사실 수평적인 조직문화가 반드시 정답은 아니다. 후발 주자로서 선진 회사를 따라잡아야 했던 전통적인 대기업에게는 그 선진 회사의 기술이라는 정답지가 있었다. 밤낮으로 열심히 연구하고 일하면서 그들이 했던 방식을 그대로 모방하는 것이 중요한 전략이었다. 그런 조직은 빠른 의사결정에 따라 일사불란하게 움직이는 수직적 조직문화가 적합하다. 수직적인 조직문화가 자리잡은 또 다른 사례로는 군대가 있다. 아마 군대는 앞으로도 엄격한 상명하복의 지휘 체계로 수직적인 조직문화를 견지할 것이다. 국민의 생명과 재산을 지켜야 하는 책임이 있기에 약간의 실수조차 용납되지 않고 가장 효율적인 방식으로 임무를 완수해야만 하는 조직이기 때문이다. 군대나 전통적인 대기업뿐만이 아니다. 스타트업 회사라 하더라도 빠르고 효율적인 의사결정과 업무 처리가 절대적으로 중요한 업종이라면, 수직적인 의사결정 구조를 지향할 수 있다. 수직적인 조직이든 수평적인 조직이든 그 조직이 처한 상황에 맞게 적용하는 것이지, 어느 한쪽이 반드시 정답이라고 말할 수는 없다.

다만, 넥슨의 경우는 정답이 분명했다. 〈바람의 나라〉가 자신만의 색깔로 오랫동안 게이머들의 사랑을 받고, 또 〈퀴즈퀴즈〉와 〈카트라이더〉의 성공 비결에서 수평적 조직구조는 빠질 수 없는 핵심 요소였다. 점차 치열해지고 있는 온라인게임 시장에서는 창의적이고 다양한 게임으로 승부를 걸어야만 한다. 그 모든 아이디어가 김정주의 머릿속에서만 나왔다거나 김정주의 뜻에 따라서만 판단했다면 〈퀴즈퀴즈〉와 〈카트라이더〉는 결코 빛을 보지 못했을 것이다. 김정주는 게임 개발에 딱히 관여한 바가 없었지만, 역설적으로 그랬기 때문에 대한민국의 게임 역사에 남을 두 게임의 탄생으로 이어질 수 있었다.

'수평적인 조직', 그리고 거기서 자발적으로 형성되는 '수평적인 커뮤니케이션'의 진짜 의미에 대한 힌트가 여기 숨어있다. 만약 김정주가 〈퀴즈퀴즈〉를 만든 이승찬이나 〈카트라이더〉를 만든 정영석을 일개 직원으로만 대했다면, 자신이 월급을 주니 무조건 지시에 따라야 한다고 했다면 어땠을까? 그랬다면 그들이 아무리 대단한 아이디어를 갖고 있던들, 쉽게 꺼내 보이기 힘들었을 것이다. 더욱이 대표도 딱히 관심이 없거나 탐탁지 않게 보던 아이템을 말이다. 또 〈리니지〉 성공에 조급해진 나머지 개발팀의 의견을 무시한 채 PK 시스템 도입을 일방적으로 밀어붙였다면 〈바람의 나라〉만의 독특한 색깔을 잃어버리고 어중간한 아류작이 되었을지도 모를 일이다. 다행히 그런 상황이 발생하지 않은 것은, 김정주가 자신의 생각만큼 다른 사람들의 생각을 동등하게 존중하는 인물이었기 때문이다. 자신이 대표니까 더 나은 의사결정을 할 수 있다며 자신의 능력을 함부로 과신하지 않고, 함께 일하는 파트너로서 다른 직원의 의견을 경청할 줄 알았기 때문이다. 훗날 정상원은 이렇게 만들어진 넥슨의 조직문화에 대해 다음과 같이 정리한 바 있다.

"한 사람의 머릿속에서 나오는 게 완벽한 정답일 수 없기 때문에, 그 판단들도 여러 스튜디오로 나눠서 좀 더 자율성을 가지는 방향으로 개발을 진행하고 있습니다."[12]

인생은 온라인게임이다

〈바람의 나라〉는 오픈 당시 10개 정도의 지역으로 시작했다. 확장에 확장을 거듭한 끝에 지금은 수만 개에 이른다. 고구려에서 출발한 세계관은 중국, 일본을 거쳐 최근 인도까지도 넓어진 상태다. 이렇게 방대한 규모를 자랑할 수 있게 된 이유는 패치 프로그램이 계속 붙으면서 확장했기 때문이다.

김정주는 온라인게임을 게임이 아니라 서비스라고 말한 바 있다. 패키지게임의 경우 목적이 달성되면 폐기처분이 되는 데 반해 온라인게임은 패치프로그램을 통해 지속해서 커가는 유기체이기 때문이다.[13] 우리 인생도 이런 온라인게임을 닮았다. 인간은 패키지게임처럼 태어난 모습 그대로 살다가 세상을 떠나는 그런 존재가 아니다. 새로운 사람을 만나고, 새로운 것을 배우고, 새로운 경험을 받아들이면서 인생의 맵을 확장해 나갈 수 있는 존재다. 마치 끊임없는 패치 프로그램을 통해 온라인게임의 세계관을 확장하는 것과 비슷하다. 그 확장의 중심에는 사람이 있고, 타인의 생각을 가감없이 받아들일 줄 아는 수평적인 태도가 있다. 내 생각만 옳다 여기는 고정 마인드셋을 가진 사람에게는 패치 프로그램이 붙어서 실행될 데이터 공간이 없다. 패키지게임같은 인생을 살 수밖에 없다.

김정주는 온라인게임 같은 인생을 살았다. 자신이 창업주이자 사장이고 최고 의사결정권을 가진 리더였음에도 불구하고, 자신 생각을 절대시하지 않았다. 본인도 얼마든지 잘못된 판단을 내릴 수 있는 사람임을 인정했다. 그 부족한 부분을 다른 사람을 통해 채울 줄 알았다. 다른 사람들을 자신과 동등한 위치에 두고 그들의 의견을 경청했으며 자기 생각을 일방적으로 강요하지 않았다. 그게 자신이 월급을 주는 직원이라 해도, 그에게 위계질서를 요구하지 않고 수평적인 커뮤니케이션을 했다. 넥슨의 수평적인 조직 문화는 그런 김정주의 스타일에서 탄생했고, 여러 대작 게임들도 그 속에서 만들어졌다. 김정주가 남긴 말이다.

"사장은 뭐 그냥 씹히는 게 직업인 거예요. 사원들이 잘 씹으면 씹혀 주면 되는 거예요. 내가 어떻게 다 잘해요. 정답이 없는데."[*]

설령 그들이 자신을 씹는다고 해도 그의 부족함을 채워 줄 수 있다면 옆에 가까이 두고 자신의 파트너로 여겼다. 그렇게 끊임없이 패치 프로그램을 붙이고 또 붙이면서 자신의 인생을 확장 시켜 나갔고, 마침내 대한민국에 거대한 족적을 남긴 인물이 되었다.

내 인생은 패키지게임인가, 온라인게임인가. 혹은 끊임없이 패치 프로그램을 거듭하고 있는 온라인게임인가, 지속적인 관리를 포기한 온라인게임인가. 추가 패치 없이 서비스 관리가 되지 않는 게임은 소위 말해 '망겜'망한 게임'의 줄임말'이다. 그래서 김정주는 온라인게임을 게임이 아닌, 서비스라고 정의했다. 다시 한번 스스로 질문을 던져보자. 우리 인생은 망겜인가, 지금도 활발하게 패치가 진행되고 있는 서비스인가.

김정주에게서 배우는 메시지

수평적인 소통은 상대방을 나와 동등한 파트너로 인정하는 것에서부터 출발한다. 다른 이의 의견을 수렴하고 받아들이면서 시야가 확장되고 삶이 다채로워진다.

PART 5

신뢰

"초창기부터 넥슨엔 좋은 사람이
많았고, 그들에게 전권을 줬습니다.
지금도 월간 보고서는 물론 회사 경영
관련 보고서를 전혀 보지 않습니다."

_ 〈프리미엄조선〉 인터뷰 中

"앞으로 이 사람이 나와 20년을 같이
일할 수 있을지를 판단하는 것이
경영자에게 매우 중요하다."

_ KAIST 강연 中

리더십은 어디서 올까

모든 리더에게 리더십은 늘 풀기 어려운 숙제 같다. 회사에서 가장 높은 직급인 대표이사부터 하부조직 팀장에 이르기까지, 위치에 맞는 리더십이 필요하다. 리더가 리더십을 제대로 발휘할 수 있는 강력한 무기는 상벌에 있다. 잘한 것에 대해서는 잘했다고 보상을 줄 수 있는 권한과, 잘못한 것에 대해서는 잘못했다고 피드백을 줄 수 있는 권한이다. 리더의 지위가 높을수록 상벌을 다룰 수 있는 권한과 범위는 넓어진다. 보통 팀장급 정도의 1차 리더는 팀원에게 칭찬하거나 피드백을 주고 법인카드를 팀원보다는 좀 더 자유롭게 쓸 수 있는 수준의 권한을 갖는다. 대표이사에게는 절차를 거쳐 상여금을 지급하거나 징계를 내릴 수 있는 권한도 주어진다.

이때 가장 하수인 리더는 오로지 '벌'에만 집중한다. 윽박지르고 혼내고 화내고, 심지어 가스라이팅 Gaslighting, 타인의 심리나 상황을 교묘하게 조작해 스스로를 의심하게 만들어 그에 대한 지배력을 강화하는 행위까지 서슴지 않으며 조직을 끌고 간다. 그게 리더의 역할이라고 생각한다. 실제로 나중에 그것이 문제가 되면 그들은 이렇게 변명한다. 그 팀원이 진심으로 잘 되길 바라고 아끼는 마음으로 그랬다고. 설사 정말 그런 마음이었다 하더라도, 그가 하수라는 사실에는 변함이 없다.

그보다 실력 있는 리더는 자신의 권한 내에서 상과 벌을 조화롭게 사용한다. 적당선에서 피드백을 주고 칭찬할 줄 안다. 자신이 할 수 있는 범위 내에서 최대한 보상해 주기 위해 애쓰기도 한다. 이 정도만 되어도 꽤 훌륭한 리더라 할 수 있다. 하지만 이렇게 당근과 채찍만 잘 주는 게 전부라 생각하면 곤란하다. 특히 연봉이나 상여 지급의 최종 권한이 있는 대표들이 그런 착각을 할 가능성이 높다. 아무리 구박하고 괴롭혀도 상여금이나 스톡옵션을 두둑이 챙겨 주면 그 모든 불만을 상쇄할 거라고 생각한다. 물론 인생의 최우선 순위가 '돈'인 직원이라면 그래도 따라가겠지만 요즘은 그렇지 않은 직원도 많다는 사실을 직시해야 한다. 더구나 돈으로 보상하는 것은 결국 한계가 온다.

그보다 더 뛰어난 리더는 소프트 파워까지 가진 리더다. 원래 소프트 파워는 미국의 국제정치학자 조지프 나이가 자신의 저서 《소프트 파워》에서 주창한 개념이다.

"소프트 파워란, 강제나 보상보다는 사람의 마음을 끄는 힘으로 원하는 것을 얻는 능력을 말한다. 이런 파워는 한 나라의 문화와 그 나라가 추구하는 정치적 목표, 제반 정책 등의 매력에서 비롯되는 것이다."[14]

소프트 파워는 국제정치뿐만 아니라 회사의 리더에게도 매우 필요한 능력이다. 일차적인 회유와 위협보다 그 사람의 마음을 움직여 원하는 것을 얻을 때 진정한 리더십이 발휘되기 때문이다. 타인의 마음을 사로잡기는 보통 어려운 일이 아니다. 사람마다 개성이 다르듯 그들의 마음도 저마다 다르기 때문이다. 어떤 사람은 회사의 성장과 자신의 성장을 동일시할 수 있지만, 반면에 다른 사람은 조직보다 자신의 성장을 우선시할 수 있다. 어떤 사람은 돈이 가장 우선일 수 있고, 어떤 사람은 일에서 얻는 성취감이 더 중요할 수도 있다. 이처럼 저마다의 욕구와 지향에 따라 원하는 것을 줄 수 있다는 확신을 심어 줄 때, 비로소 그들의 마음을 살 수 있다. 내가 믿고 따를 만한 리더라는 확신이 생기면 그들은 자발적으로 열심히 일하고 따른다. 최고의 리더십을 발휘하는 순간이다. 그러므로 소프트 파워를 한자로 표현하면, '德덕'이라 할 수 있다.

성공에 대한 욕망이 있는 팀원에게는 성공의 과정을 보여 주어야 하고, 조직에 대한 소속감과 자부심이 중요한 팀원에게는 조직의 성장 로드맵을 제시할 수 있어야 하며, 워라밸을 중시하는 팀원에게는 불필요한 업무 지시로 지치지 않게 신경 써야 한다. 그럴 때 팀원은 리더에게서 매력을 느낀다.

다만, 그 매력이 지속 가능하려면 가장 중요한 기본 조건이 하나 있다. 최소한의 도덕성과 신뢰이다. 한 입으로 두말하지 않는 사람일 것이라는, 한마디로 '이 사람이 믿을 만한 사람인가'라는 점이다. 일단 기본적인 신뢰를 잃어버리면 아무리 애써도 실추된 리더십은 쉽게 회복되지 않는다. 그러므로 리더십의 가장 기본 조건은 자신이 믿고 따를 만한 사람이라는 것, 즉 신뢰에서 출발한다. 구성원의 신뢰를 받으려면 어떻게 해야 할까? 거짓말을 하지 않거나 말과 행동이 일치하는 것도 중요하겠지만, 내가 먼저 상대를 믿는 것이 매우 중요하다. 내가 상대를 믿지 않는데, 어떻게 상대가 나를 믿을 수 있겠는가. 이런 점에서 김정주는 탁월한 리더십을 가진 사람이었다. 그는 신뢰를 중요하게 여겼고, 믿을 만한 사람에게 전적인 신뢰를 보이고 힘을 실어주었다.

넥슨은 신뢰가 키웠다

작은 구멍가게 같던 넥슨을 연간 매출 수조 원에 달하는 굴지의 글로벌 기업으로 성장시킬 수 있었던 힘은 어디서 왔을까? 여러 요인이 있겠지만, 그 중심에는 다름 아닌 신뢰가 있었다. 그가 언론사와 가졌던 인터뷰 중에 특히 눈에 띄는 대목이 있다.

"2000년 새 빌딩으로 이사하면서부터 회사에 책상도 두지 않고 밖을 돌았습니다. (회사에서) 내가 경영했다면 중간에 망했을 것 같습니다. 초창기부터 넥슨엔 좋은 사람이 많았고, 그들에게 전권을 줬습니다."[15]

사실 어느 정도 사업을 일구어 낸 사업가라면 대부분 자신의 회사에 대해 엄청난 애착을 보이기 마련이다. 다른 사람에게 일을 맡겼다가 혹여나 회사가 잘못되지 않을지 늘 불안감에 시달리기도 한다. 사업가들이 유달리 예민하거나 근심 걱정이 많은 성격이기 때문은 아니다. 아이가 당장 내 눈앞에 보이지 않으면 부모의 마음은 불안하다. 하물며 힘들게 키운 자식 같고 자신의 인생이 걸린 회사인데, 다른 사람에게 전적으로 맡기는 게 어떻게 쉬운 일이겠는가. 마치 자식을 내 품에서 떼어 놓아야 하는 순간처럼 매우 고통스럽기까지 하다. 그래서 특히 회사 경영의 핵심인 인사와 재무를 절대 손에서 놓지 못하는 대표들도 허다하다. 오너가 직접 경영하는 회사에서 관리자 직군으로 일하는 게 쉽지 않다는 말은 괜히 나오는 것이 아니다.

하지만 김정주는 달랐다. 그는 직원들의 수가 많아지기 시작한 어느 시점부터 사무실에 책상도 두지 않고 바깥을 돌았다. 다행히 넥슨에는 그가 적극적으로 영입한 좋은 사람들이 많았고, 김정주는 그들에게 전권을 부여하기를 주저하지 않았다. 심지어 회사 경영과 관련한 보고서조차 들여다보지 않았다. 그들을 전적으로 신뢰했기 때문이다. 그렇게 전권을 부여받은 이들도 그 신뢰에 보답하며 넥슨의 성장에 크게 기여했다. 좋은 사람들이라는 토양 위에 심은 넥슨이라는 나무는 신뢰라는 비료와 물을 듬뿍 흡수하며 무럭무럭 자라났다. 김정주는 그저 그 비료와 물을 주는 역할을 했을 뿐이다.

맡겼으면 의심을 말고, 의심이 있으면 애초에 맡기지 마라

조선왕조실록에는 세종 즉위 초, 예조판서였던 허조가 김점이란 인물과 논쟁을 벌인 에피소드가 실려 있다.[16] 김점은 명나라에 사신으로 갔다가 황제가 직접 죄수를 심문하는 모습을 보고 깊은 인상을 받았다. 심지어 장관이 보고를 잘못하기라도 하면 황제가 즉시 모자를 벗기고 끌어내렸는데, 그 위엄과 용단이 측량할 수 없이 놀라웠다고 찬탄한다. 그러면서 "온갖 정사를 임금이 친히 통찰하는 것이 당연하고 신하에게 맡기는 것은 부당하다."라고 말하며 세종에게 명나라 황제를 본받으라 권한다.

이때 허조가 반박에 나선다. 관청이 있고 각자의 맡은 역할이 있는데, 임금이 직접 그 일을 다 하면 관청이 무슨 필요가 있겠냐는 것이다. 특히 어진 인재를 구하기 위해 노력하고, 그 인재에게 맡겼으면 의심하지 말아야 한다고 역설한다. 일을 맡긴 이상 책임을 지워 성취하도록 독려하는 것이 마땅하고, 자잘한 일에 관여하며 신하가 할 일까지 하려고 간섭해서는 안 된다는 말도 덧붙인다. 이 흥미로운 논쟁은 세종이 허조의 손을 들어주는 것으로 마무리된다.

김점의 주장을 오늘날 직장인의 시각으로 재해석하자면 '마이크로 매니징'의 필요성을 주장한 것이라 할 수 있다. 황제가 일개 죄수의 심문까지 직접 처리하듯 리더는 세세한 부분까지 모든 일을 직접 챙겨야 한다는 것이다. 이 주장에 대한 허조의 답변은 이말 한마디로 요약된다.

"맡겼으면 의심을 말고, 의심이 있으면 애초에 맡기지 마라."

인재를 뽑아서 일을 맡겼으면 그를 신뢰하고 책임을 지워 스스로 일을 성취해 내도록 독려해야 한다고 말한다. 또 의심이 있어서 간섭하게 될 것 같으면 아예 처음부터 일을 맡기지 말라고 한다. 제대로 위임하고, 책임감 있게 일할 수 있도록 환경을 조성해 주라는 뜻이다.

마이크로 매니징을 선호하는 리더들이 있다. 그 이유는 무엇일까? 긍정적인 관점에서 보면 일을 제대로 가르쳐 주기 위함이다. 아직 일에 익숙하지 못한 신입 사원은 마이크로 매니징 방식이 적합하다. 하나부터 열까지 꼼꼼히 알려주고 제대로 일을 배우도록 지도하는 것은 리더의 의무이기도 하다. 그런데 상대방이 신입 사원도 아니고, 어느 정도 그 일에 대해 지식을 갖고 있는데도 마이크로 매니징을 한다면 다른 이유가 있다고 봐야 한다. 즉, 그를 전적으로 믿지 못하기 때문에 세세히 간섭하려 드는 것이다.

세종은 의정부서사제議政府署事制[17]를 도입하여 신하들에게 최대한 많은 권한을 주고 일을 맡겼던 임금으로 널리 알려져 있다. 그렇게 김종서와 최윤덕은 북방영토를 개척했고, 박연은 궁중음악을 완성했으며, 장영실은 자격루를 비롯해 위대한 수많은 발명품을 만들었다. 무엇보다 세종이 한글 창제라는 위대한 업적을 이룰 수 있었던 것은, 세세한 국가 정사들은 신하들에게 맡기는 대신 세종 자신은 오로지 한글 창제에만 집중했기 때문이다.

세종이 모든 일에 간섭하려 드는 리더였다면, 과연 그런 업적을 남길 수 있었을까? 세종이 위대한 군주가 될 수 있었던 것은 그 자신의 뛰어난 자질도 있었겠지만, "맡겼으면 의심을 말고, 의심이 있으면 맡기지 마라."라는 허조의 조언을 진심으로 받아들였기 때문이라 본다. 세종은 자신과 함께 일할 인재를 직접 발탁했고, 일단 발탁한 뒤에는 그를 믿고 일을 맡겼다. 세종의 뛰어난 업적 뒤에는 이처럼 자기 신하에 대한 신뢰가 밑바탕에 있었다.

김정주가 사업을 하면서 가장 역점을 두었던 것 중 하나는 자신과 오랫동안 함께 일할 '좋은 사람'을 적극적으로 찾는 것이었다. 그리고 그런 사람을 찾았다면 그에게 전폭적인 신뢰를 주며 일을 맡겼다. 김정주는 함부로 간섭하지 않았고, 그 신뢰 위에서 자신의 능력을 마음껏 발휘할 수 있었던 동료들은 일할 맛이 났다. 넥슨 대표로 영입된 데이비드 리가 김정주에게 했던 말은 이

한 마디였다.

"일단 맡겼으면 믿어 주세요."*

김정주도 그의 요구에 따랐고 직원들과의 직접적인 소통을 최대한 자제했다. 자신이 직접 발탁한 인재를 믿고 맡겼던 모습은 세종의 리더십을 연상케 했다. 이 시기부터 넥슨은 전문 경영인에 의한 운영 체제를 제대로 갖추기 시작했고, 이것 자체가 넥슨의 훌륭한 경쟁력이 되었다.

"군군신신부부자자君君臣臣父父子子, 임금은 임금답고 신하는 신하다우며, 아비는 아비답고 아들은 아들다워야 한다." 약 2,500년 전 공자가 했던 이 말은 오늘날 회사에서도 상당 부분 적용된다. 회사에서 팀장은 팀장이 마땅히 할 일에 집중하고, 임원은 임원이 마땅히 할 일에 집중하고, 대표는 대표가 마땅히 할 일에 집중해야 한다. 서로의 역할을 존중하지 않은 채 함부로 선을 넘어 간섭하는 것은 최대한 자제해야 한다. 이런 방식은 서로의 성장에도 아무런 도움이 되지 않는다. 이것은 부모와 자식 관계 역시 마찬가지다. 아이의 수학 실력이 빨리 늘지 않아 답답하다고 부모가 아이 대신 수학 문제를 풀어 줄 수는 없다. 공부를 열심히 해서 실력을 향상시키는 것은 아이 몫이다. 부모는 아이를 격려하고 뒷바라지를 잘해 주는 것으로 충분하다. 아이는 아이가 마땅히 할 일에, 부모는 부모가 마땅히 할 일에 집중해야 한다. 그리고 이 모든 바탕에는 신뢰가 깔려 있어야 한다.

모든 것은 신뢰에서 출발한다

프랜시스 후쿠야마 미 스탠퍼드대 정치학 교수는 자신의 저서 《트러스트》에서 국가 번영의 중요 요소로 '신뢰'를 지목한 바 있다. 가령, 모르는 사람들이 지나다니는 집 문 앞에 택배를 두고 가도 분실 사건이 거의 발생하지 않는 사회환경이 택배 산업 발전에 큰 일조를 한 것처럼 말이다. 만약 택배 분실이 수시로 일어나고 서로 믿지 못하는 분위기가 조성되었다면, 사고를 방지하기 위한 시스템을 구축하기 위해 막대한 비용이 들었을 것이다. 이처럼 사회가 고도로 발전할수록 '신뢰 자본'의 중요성은 더욱 커지게 된다. 이것은 국가 공동체처럼 거대한 집단에만 해당하는 사항이 아니다. 개인적인 인간관계에서도, 회사 조직에서도 신뢰는 매우 중요하다. 서로에게 충분한 신뢰가 쌓여 있다면, 그 신뢰 검증을 위해 불필요한 시간과 에너지, 비용을 낭비하지 않아도 된다. 게다가 회사 조직 내에서 신뢰받고 있다는 자족감은 업무 몰입도를 높이기도 한다.

김정주 또한 그 중요성을 매우 잘 알고 있었기에 기회가 있을 때마다 신뢰에 대해 강조했다. 그가 늘 사람의 중요성을 말했던 것은, 신뢰할 수 있는 사람들이 힘을 합칠 때 사업도 긍정적인 결과를 낳을 가능성이 높다고 믿었기 때문이다. 특히 김정주는 회사를 이끄는 대표로서 동료들과 서로 신뢰를 형성하는 데 많은 노력을 기울였다.

흔히 김정주에게 '은둔의 경영자'라는 별명이 따라다녔지만, 그는 회사 내부에서 자취를 종종 감췄을 뿐이다. 다른 사업가들이 회사 안에서 일하는 동안 그는 회사 밖을 나돌며 누구보다 많은 사람을 만나고 다녔고, 더 넓은 시각에서 회사에 도움이 되는 방향을 찾고자 애썼다. 그런 행보가 가능했던 것은 회사를 경영하는 수많은 동료들을 전적으로 신뢰했기 때문이다. 그렇기에 그에게 '은둔의 경영자'라는, 다소 어두침침한 별명 대신 '신뢰의 경영자'라는 별명을 붙여도 무방할 것 같다.

회사에서 꽤 유능하다고 인정받는 직장인이 회사를 떠나야 겠다고 마음먹는 순간은 언제일까? 리더는 회사에 자신의 역할이 없다고 느낄 때 회사와 헤어질 결심을 하고, 팔로워는 회사에서 더는 성장할 수 없다고 느낄 때 회사와 헤어질 결심을 한다. 그렇기에 대표가 챙겨야 할 가장 중요한 책무는 리더에게 적절한 역할을 맡기고, 팔로워에게는 그의 성장을 돕는 것이다. 그리고 이것을 위해 필요한 전제 조건은 전폭적인 지지와 성원, 그리고 신뢰다.

김정주에게서 배우는 메시지 ────────────

성공을 꿈꿀 때 가장 먼저 해야할 일은 신뢰할 만한 사람을 내 곁에 두는 것이다. 짧은 거리를 빨리 가려면 혼자가 낫지만, 먼 거리를 오래 가려면 신뢰할 수 있는 사람과 함께 가야 한다. 그리고 우리 인생은 오랫동안 멀리 가야 하는, 기나긴 여정이다.

II

사업에 몰입한 사람

PART 1

사업

"난 그냥 일하는 게 좋은 사람이다.
일하다 보니 운이 맞아 이렇게 된
것이다. (…) 그냥 내게 주어진 일, 내가
해야 할 일을 찾아 매일 바쁘게 움직일
뿐이다."

_〈매일경제신문〉 인터뷰 中

"대학으로 돌아가도 회사를 하고
싶습니다. 회사를 하는 일은 매력적인
일입니다."

_〈2012년 창업희망콘서트: 멘토에게 길을 묻다〉 창업토크 中

왜 일하는가

지나가는 사람 아무나 붙잡고 "왜 일을 하십니까?"라고 물어보면, 아마 '돈을 벌기 위해서'라는 대답이 가장 많을 것이다. 실제로 직장인들을 대상으로 한 설문조사에 따르면, '내가 일하는 가장 큰 이유는 돈이다'라는 문장에 대해 69.4%가 동의했다고 한다. 반면 '나의 직업은 내가 하고 싶었던, 꿈꿔 온 일이다'에는 28.5%만 그렇다고 응답했고, '나는 지금 행복하다'에는 30.2%만이 긍정했다.[18] 돈을 벌기 위해 일하고, 삶의 만족도는 그리 크지 않은 직장인들이 많음을 보여 준다.

이 설문조사에서 약 70%가 돈을 벌기 위해 일을 한다고 답했지만, 그 사람들이 모두 생활고에 쪼들리는 형편은 아닐 것이다. 정말 하루하루 생존을 위해 돈이 필요한 사람도 있겠지만, 당장은 먹고 살 만하나 노후 걱정 등을 비롯한 여러 가지 이유로 그 이상을 벌고 싶은 사람도 있을 것이다. 뿐만 아니라 생계에 지장이 없을 만큼 돈을 번 이후에도 더 많은 돈을 벌고 싶어 하는 사람들을 볼 수 있다. 돈에는 마약 같은 속성이 있기 때문이다. 돈은 쓰는 재미도 있지만, 돈을 버는 행위 자체에도 쉽게 빠져나오지 못하는 재미가 있다. 흔히 말하는 '돈맛'이다. 물론 자본주의 사회에서 정당하게 돈을 많이 버는 것은 비난하거나 문제 삼을 일이 아니다. 다만 더 나은 인생을 위해서는 돈을 많이 벌기보다, 자기 자신에게 '나의 진정한 행복을 위해 돈이 얼마나 필요한가?'라고 되묻는 과정이 필요할 것이다.

돈 버는 재미를 맛볼 기회는 아마 평범한 직장인보다 사업가에게 더 많을 것이다. 직장인이야 재테크를 정말 잘하지 않는 이상 월급 외에는 딱히 돈 들어올 구멍이 없지만, 사업가는 사업 성과에 따라 큰돈을 만지기도 한다. 실제로 많은 사업가가 돈 버는 재미로 사업을 한다. 창업해서 회사 가치를 빠르게 올린 다음 팔고 나오는, 소위 엑시트Exit를 잘하는 사업가는 부러움과 선망의 대상으로 언론에 종종 등장한다. 성공한 사업가로 불리며 칭송과 명예도 얻는다. 스타트업으로 직장을 옮기려는 직장인들의 이직 사유로 스톡옵션 보상이 늘 빠지지 않는다. 어찌 되었든 많은 사람들은 돈을 벌기 위해 일하고, 그것이 전혀 이상하지 않은 세상을 살고 있다.

아마 김정주도 그러지 않았을까? 그가 전 세계에서도 손꼽히는 부자가 된 것은 돈 버는 재미에 푹 빠져서 열심히 돈을 버는 데 매진해 얻었던 결과는 아니었을까? 이런 생각이 자연스럽게 떠오를 수 있다. 실제로 김정주는 이와 비슷한 질문을 받은 적이 있다. 이때 김정주는 "돈이 많다고 크게 달라지는 것은 없다. 좀 벌었다고 돈의 가치를 폄하하는 것으로 비칠까 두렵다. 어떻게 들릴지 조심스럽지만, 어느 선을 넘으면 돈이 주는 가치는 거기서 거기다."라고 답한다. 돈을 더 벌고 싶은 것이 아니라면 왜 이렇게 사업을 키웠냐는 질문이 이어지자, 이렇게 대답했다.

"난 그냥 일하는 게 좋은 사람이다. 일하다 보니 운이 맞아 이렇게 된 것이다. (…) 그냥 내게 주어진 일, 내가 해야 할 일을 찾아 매일 바쁘게 움직일 뿐이다."[19]

그는 왜 투자받지 않으려 했을까

실제로 김정주가 살았던 삶의 궤적을 보면, 그는 돈보다는 사업 그 자체에 완전히 몰입한 사람이었다. 그가 내렸던 선택의 기준은 언제나 사업이자 회사였다. 그것을 보여주는 단면 중 하나는 바로 자기 지분에 대해 집착에 가까운 모습이다.

일반적으로 스타트업 회사를 창업할 때 첫 번째 목표는 투자금 유치다. 초기 자본인 시드 머니를 확보한 이후에, Series A, Series B, Series C…. 그리고 프리IPO를 거쳐 마침내 마지막 관문인 주식 상장까지 이르는 과정에서 회사의 평가 가치는 보통 계속 커진다. 이에 따라 투자금 유치 규모도 점차 커질 뿐만 아니라, 창업주가 보유하고 있는 주식의 가치도 계속 커진다. 예를 들어 100억 원 가치의 회사 지분 100%를 보유하고 있다면, 그 주식 가치는

100억 원으로 평가받는다. 그런데 어떤 투자자가 현시점의 회사 가치를 500억 원이라 보고 10%의 주식을 새로 발행받아 취득하기로 했다고 해 보자. 그 신규 발행 주식의 가격인 50억 원을 대가로 지급하고 회사는 50억 원의 신규 자금을 얻게 되는 것이다. 하지만 그 이면을 살펴 보면 최대주주의 주식 지분율이 91%로 떨어진다는 것을 알 수 있다. 이렇게 투자금을 계속 받다 보면 최대주주의 지분율 하락과 함께 경영권도 약해질 수 있다. 당연한 말이지만 투자자들이 거금을 들여 투자하는 것은 회사에 대한 기부가 아니다. 결국 투자사들은 회사의 장기적이고 내실 있는 성장보다 가시적인 수익성을 먼저 따질 수밖에 없다. 회사의 수익성이 곧 회사의 가치고, 그 가치가 떨어지면 자신의 투자금 회수도 어려워지기 때문이다. 그래서 투자자 지분이 많아지면 경영에 대한 간섭도 자연스럽게 커진다. 심지어 경영권까지도 위협받는 상황까지 이르기도 한다.

김정주가 대학생이었을 때 제조업 회사를 잠깐 다닌 적 있다. 그는 대덕전자現 대덕 GDS 창업자 김정식 회장과 그의 차남 김영재 사장이 경영하는 모습을 곁에서 바라보며 기업 문화나 기업 철학을 배웠다.[20] 회사에 대한 기본적인 철학이 이때 형성된다. 김정주는 코스닥에 상장하고 자본 규모를 키우며 돈놀이하는 것보다 회사의 내실을 키우는 것이 더 중요하다고 봤다. 투자자들이 간섭하기 쉬운 구조를 가진 상장사는 내실을 다지는 것보다 거품을 더 키우기

쉽다고 생각했다.* 그가 했던 말에서도 그 가치관이 잘 드러난다.

"사업을 하려면 한 30년은 할 생각으로 호흡을 길게 보고 시작해야 해요. (…) 헌데 벤처 쪽은 창업 후 3년 내에 기업을 공개해서 얼른 캐시아웃하겠다는 생각들이 팽배합니다. 정말 잘못된 거죠."[21]

그의 사업 철학은 사업하는 과정에서도 극명하게 드러난다. 넥슨 초창기였던 2000년, 당시 3대 투자신탁회사 중 하나였던 대한투자신탁에서 넥슨에 현금 300억 원을 투자하기로 한다. 당시 넥슨의 매출이 100억 원에 불과하던 때였는데 회사의 평가 가치를 6,000억 원으로 매기고 지분 5%를 취득하겠다는 제안이었다. 당시 연간 매출의 60배로 가치를 평가하겠다는 상당히 파격적인 조건이었기에 투자 받는 것을 꺼리던 김정주도 쉽게 거절하기 어려웠고, 계약 성사 단계까지 이른다. 그런데 계약 전날 크게 넘어져 얼굴을 다치는 사건이 일어난다. 김정주는 이것을 자신이 투자 받기로 했기 때문에 신이 벌을 준 것이라 이야기했다. 정확히 말하자면 이유없이 불운한 사고를 당했을 뿐이지만, 이를 핑계 삼아 도장만 찍으면 바로 300억 원을 투자 받을 수 있었던 계약을 당일에 취소해 버린다.* 그가 얼마나 주식 지분을 중요하게 여겼는지 짐작할 수 있는 일화다.

회사가 발전하는 방법을 택하라

일본에서 가장 존경받는 3대 기업가 중의 한 명으로 불리며 '경영의 신'이라는 별명을 가진 이나모리 가즈오 회장, 그의 저서 《왜 사업하는가》라는 책에는 자신이 창업한 회사 교세라가 상장하게 된 과정이 나온다. 교세라가 급성장을 거듭하자 증권사에서 수시로 찾아와 이나모리 회장에게 상장을 권했다. 회사가 상장하는 방법으로는 세 가지가 있었다. 먼저 창업자가 가진 주식을 시장에 파는 방법, 두 번째로 회사가 주식을 새로 발행하여 시장에 공개하는 유상증자, 마지막으로 그 두 가지를 절충하는 방법이다. 유상증자를 하면 해당 주식 대금은 회사에 들어오지만, 창업자가 자기 주식을 팔면 그 대가는 당연히 창업자 개인의 몫이 된다. 당시 일본의 많은 회사가 그 방법으로 상장을 진행했고 벤처 회사를 창업하는 주요 목표이기도 했다. 증권사 또한 창업 이후 고생한 노고를 보상받는 의미에서라도 그렇게 하기를 권했다. 하지만 이나모리 회장은 그 제안에 동의하지 않고 두 번째 방법, 즉 유상증자를 통한 상장을 선택한다. 그의 개인적인 이익보다는 회사가 발전하는 방법이 더 옳다고 여겼기 때문이다.[22]

김정주가 파격적인 조건의 투자를 받는 것조차 꺼렸던 이유를 여기서 짐작해 볼 수 있다. 그는 자신의 이익보다도 회사가 발전하는 방법을 우선시하는 사람이었기 때문이다. 10년이 지난 뒤

마침내 국내가 아닌 도쿄에 상장하기로 결심했던 이유는 게임 산업 종주국인 일본 증시에 상장하는 것이 글로벌 회사로 도약하는 데 큰 힘이 되리라 판단했기 때문이다. 훗날 김정주의 인생 그 자체나 다름없는 넥슨 지분을 공개 매각하겠다고 선언하여 세간을 깜짝 놀라게 했던 일도 마찬가지다. 그의 자세한 속내를 알 수는 없지만, 그것이 그 시점에서 넥슨을 더 성장시키는 최선이라 여겼기 때문이 아니었을까 생각한다. 그는 부자가 되겠다는 욕망보다 사업 그 자체를 즐기고 회사를 키우는 데 집중한 사람이었다. 그 과정에서 넥슨이 급성장했고 그의 보유 지분 가치도 크게 상승하면서 엄청난 부자로 평가 받았다. 보유 지분 가치가 높아지면 자신의 주식을 일부라도 매각해 엄청난 현금을 손에 쥐고 다른 부자들처럼 호화로운 삶을 누릴 법도 한데, 그는 그러지 않았다. 김정주의 말대로 그가 '그냥 일하는 게 좋은 사람'이었다 믿어도 괜찮을 이유다.

용사가 모험을 떠난 이유

흔히 볼 수 있는 게임 스토리 한 토막을 떠올려 보자. 평화롭기만 하던 어떤 마을에 갑자기 마왕 군단이 쳐들어온다. 세계가 멸망할지도 모르는 위기의 찰나 어디선가 불현듯 용사들이 나타난다. 그들은 함께 힘을 합쳐 마왕을 무찌르기 위한 모험을 떠난다. 아마도 용사들은 이 세계를 마왕으로부터 반드시 지켜내겠다는 사명감을 갖고 여행을 떠날 것이다. 그런데 어떤 용사는 황제에게 많은 돈과 작위를 하사받은 대가로 떠나는 모험일 수도 있다. 또 어떤 용사는 모험 자체가 즐거워서 떠날 수도 있다. 물론 더 강한 힘을 수련하고자 떠나는 용사도 있을 수 있겠다. 그 동기가 무엇이 되었든 모험하는 과정은 절박하고 긴장되면서도, 한편으로 성취감과 즐거움을 준다.

사업의 과정도 이런 게임 속 모험과 비슷하지 않을까. 어떤 창업자는 국가 경제에 이바지하고 세상을 위해 옳은 일을 한다는 사명감으로 사업에 임할 수도 있다. 어떤 창업자는 사업을 통해 많은 돈과 명예를 얻고 싶을 수 있다. 또 어떤 창업자는 사업 자체가 즐겁고 재미있어서 사업에 몰입하는 것일 수 있다. 사업의 동기가 어떠하든 무엇이 더 훌륭하다 그르다 쉽게 판단할 수 없다. 어쨌든 용사가 마왕을 무찌르겠다고 용기를 내어 모험을 떠남으로써 비로소 게임이 시작되듯이, 어려운 창업의 길로 들어서겠다고 마음먹은 그 용기와 결단 그 자체가 중요한 것이리라. 다만, 여러 유형의 사업가 중에서 김정주는 사업 자체가 즐거워서 몰입했던 사람이었던 것만큼은 분명해 보인다. 다시 대학생 때로 돌아가면 무엇을 하고 싶냐는 질문에 이렇게 답했던 것처럼 말이다.

"온라인게임을 또 하겠다는 건 아닌데, 저는 그냥 회사를 할 것 같습니다. 같이 일하는 사람들이랑 어울려서 새로운 일을 매일 하는 거죠. 우리는 게임을 하고 있지만 뭐 새로운 거 없을까? 그런 것을 만들어 가는 과정이 너무 즐겁고요, 대학으로 돌아가도 회사를 하고 싶습니다. 회사를 하는 일은 매력적인 일입니다."[23]

김정주에게서 배우는 메시지

대단한 목적의식을 갖고 일을 하거나 인생을 살아가는 것도 존중받을 만 하지만, 우리 인생 자체를 재미있게 즐기며 살아가는 삶도 가치 있고 훌륭하다.

PART 2

검소

"저는 그동안 회사만 바라보며
살았거든요. 사는 것도 비슷하고요.
그래서 저는 앞으로도 돈 때문에
변하고 살진 않으려고 해요."

_ 회고록 《플레이》 中

"어느 정도 괜찮은 연봉을 받는 평범한
직장인과 내 생활이 크게 다르지 않을
것이다."

_ 〈매일경제신문〉 인터뷰 中

한국을 대표하는 부자가 되었지만

한 예능 프로그램에서 유명 아나운서가 하와이에서 김정주를 만난 일화를 얘기한 적이 있다. 아들의 친구 가족이 하와이에 있다는 말을 듣고 놀러 가서 그 아들 친구의 아버지를 만났는데, 직업을 물으니 작은 게임 회사를 운영한다는 답변을 들었다고 한다. 그 아버지가 아이들과 수영장에서 2시간 동안 함께 놀아 줬고, 고마운 마음에 아이스크림과 밑반찬으로 작은 답례를 하고 한국에 돌아왔는데 알고 보니 그가 바로 보유 자산만 8조 원인 김정주 회장이었다는 일화였다. 돌아와서 생각해 보니 그가 〈카트라이더〉 게임 얘기를 했던 기억이 났다고.

김정주의 이름을 아는 사람들은 그를 갑부라고 생각한다. 실제로 김정주는 엄청난 부자였다. 2011년 넥슨이 일본 도쿄증권거래소에 상장하면서 김정주의 보유 지분 가치는 3조 원 이상으로 불어나며, 단숨에 국내에서 서너 번째로 돈이 많은 사람으로 평가받았다. 그 후로 10년이 지난 2021년 기준으로는 미국 경제 전문지 〈포브스〉가 집계한 부자 순위에서 김정주는 13억 3,000만 달러의 재산으로 국내 2위, 전 세계에서도 158위에 이름을 올렸다. 2021년 말 환율을 고려하면 16조 원 가까이 육박하는 엄청난 돈이다. 6,000원짜리 짜장면을 매일 세 끼씩 먹는다면 약 240만 년 동안 먹을 수 있는 돈이다. 참고로 최초로 도구를 사용할 줄 아는 인류의 조상 호모 하빌리스의 출현이 250만 년 전쯤이었다.

그래서인지 김정주를 그저 '엄청난 부자였던 사람', 좀 더 나아가 '게임으로 엄청난 돈을 벌어들인 사람' 정도로만 기억하는 이들이 많다. 그리고 그가 가진 엄청난 재산을 부러워하고 시샘하기도 했다. 하지만 앞서 언급한 에피소드에서도 보듯 그는 스스로 부자임을 드러내며 과시한 적은 없었다. 자본주의 사회에서 돈 많은 것이 죄도 아니고 사람들이 선망하는 만큼 조금은 잘난 척할 만도 한데 김정주는 그렇게 하지 않았다. 오히려 평소 검소하고 소탈한 성격이었기에 자신을 부자로 보는 시선을 매우 싫어했던 것으로 전해진다.

김정주는 왜 자신을 부자로 보는 시선을 달가워하지 않았을까? 그는 넥슨이 수백억 원을 벌어들이는 성공한 스타트업 회사로 인정받기 시작했을 때도 '대표이사' 명함 대신 '팀장' 명함을 가지고 다녔다. 그는 자신이 이룬 것을 과시하는 스타일이 아니었고, 이것은 돈에 대해서도 역시 마찬가지였다. 아마도 그가 생각하는 성공의 기준이 '돈'이 아니었기 때문이었을 것이다.

돈 때문에 변하고 살진 않으려고 해요

김정주는 사업을 하면서 수없이 많은 CEO의 흥망성쇠를 지켜봤다. 그중에는 감옥에 간 사람도, 투자한 자금을 현금으로 회수한 뒤 안정적으로 사는 사람도, 그리고 젊은 나이에 망가진 사람도 있었다. 그는 엄청나게 많은 수익을 올리며 캐시아웃한 친구들이 하나같이 후회하는 모습을 볼 때마다 마음을 다잡는다고 했다. 그들처럼 욕심을 내고 무리하게 경영했다면 자신 또한 아마도 많은 문제가 생겼을 거라고 고백하기도 했다.

많은 이들이 단기간에 회사 가치를 늘린 다음 보유 주식을 비싼 값에 팔고 부자가 되기를 꿈꾼다. 이런 방식으로 여러 차례 성공하여 갑부 반열에 오른 사람들도 많다. 사업의 성공보다 돈을 추구하는 전형적인 패턴이다. 하지만 김정주의 관심은 '사업을 하는 것' 자체에 있었다. 돈을 버는 것도 사업을 지속하기 위한 수단이었을 뿐 그것 자체를 목적으로 여기지 않았다. 사업이라는 본질 외에 다른 것에는 무리한 욕심을 내지 않겠다는 신념을 가지고 경영했다.

"회사가 10억일 때도 있었고, 97년인가? 100억이 넘어가던 순간이 넥슨에도 있었죠. 근데 비슷한 과정을 겪는 친구들을 보면 상장도 하고, 회사를 팔기도 하면서 가정 문제를 겪거나 삶이 변하는 것을 많이 봤어요. 저는 그동안 회사만 바라보며 살았거든요. 사는 것도 비슷하고요. 그래서 저는 앞으로도 돈 때문에 변하고 살진 않으려고 해요."**

그는 스스로 욕심이 많은 사람이라 평가했지만 그 욕심은 사업에 대한 욕심이었지 개인적 욕심이 아니었다. 돈 때문에 변하고 살진 않으려 한다는 그 말처럼 김정주는 늘 검소하고 소탈한 사장이었다. 흔한 셔츠와 면바지 차림에 백팩을 메고, 오래 신어 닳아 버린 운동화 차림으로 출근하곤 했다. 여느 대기업에서 흔히 볼 수 있는 수행원들을 대동하지도 않았으며 운전기사 한 명 두지 않고 스스로 운전을 하며 여기저기 다녔다. 전체 계열사를 통틀어 그의 사무실은 제주도 지주회사 건물의 아담한 공간 한 곳이 전부였다.* 그가 가진 어마어마한 돈으로 얼마든지 명품 옷으로 치장하고, 수많은 개인 비서와 수행 비서를 부리며, 으리으리한 사무실을 쓸 수도 있었을 텐데 말이다. 하지만 그는 그런 것에 함부로 돈을 쓰지 않았다. 자신이 집중하는 사업의 본질과 아무 상관없는 것들이었기 때문이다.

대신 사업에 필요하다고 여긴 것에 대해서는 과감한 투자를 아끼지 않았다. 그는 〈메이플스토리〉 개발사인 위젯 스튜디오를 인수하기 위해 당시 가지고 있던 현금 400억 원을 모조리 털어 넣었다. 〈던전앤파이터〉 개발사인 네오플을 인수할 때는 넥슨 일본

법인을 통해 2,788억 원을 빌리고, 일본 은행으로부터 500억 원을 추가로 빌린 끝에 3,852억 원이라는 거금을 들였다.

0의 위대한 역설

EBS에서 숫자 0이 탄생한 과정을 설명하는 내용으로 〈숫자 0의 탄생〉이라는 다큐멘터리를 방영한 적이 있다. 그 다큐멘터리에 따르면, 인도에서 0이라는 개념을 만들기 전까지는 큰 숫자를 표현하는 것이 매우 어려웠다. 아라비아 숫자로는 간단히 표현할 수 있는 88이라는 숫자도 로마자로는 LXXXVIII이라는 긴 단어로 표현해야만 한다. 로마자는 10이란 개념이 생기면 이에 대응하는 X를, 50이라는 개념이 생기면 L이라는 숫자 기호를 또 만들어 계속 확장해 나가는 방식이기 때문이다. 그래서 숫자가 커질수록 표현하는 것이 매우 어려웠다.

이 문제를 해결한 것이 바로 숫자 0이다. 0이라는 숫자가 만들어진 덕분에 굳이 10을 뜻하는 새로운 숫자 기호를 만들지 않고도 기존의 숫자 1과 0을 이용해 10이라 간단히 표현할 수 있게 되었다. 이것이 가능해지면서 10, 100, 1,000, 10,000, 100,000… 큰 숫자를 끝없이 표현할 수 있게 되었다. 아무것도 없음을 나타내는 숫자 0으로 무한한 숫자 표현이 가능해진 것이다. 비움으로 인해 오히려 무한히 큰 숫자로 뻗어나갈 수 있게 된 것, 이것이 바로 0의 위대한 역설이다. 0의 발견은 우리 삶에도 많은 깨달음을 준다. 진정으로 큰 것을 얻으려면 계속 채우는 게 아니라, 오히려 비워야 한다는 사실이다. 무엇이든 비워야만 채울 수 있는 법이다. 이미 물로 가득 차 있는 컵에는 더 채울 수 있는 공간이 없다.

김정주는 최고 반열에 오른 부자였음에도 돈에 집착하는 모습을 보인 적이 없었다. 오로지 혼신의 힘을 다해 사업에 집중했을 뿐이다. 돈을 바라는 마음을 비웠더니 오히려 그 공간에 엄청난 돈이 들어왔다. 그는 비움으로써 채우는 것을 보여준 사업가였다. 꼭 많은 재산이 성공을 뜻한다고 볼 수는 없지만 성공의 전제조건으로 사치하지 말아야 한다던 자신의 말을 스스로 증명했다.

성공하려면 지켜야 할 것

성공 방정식은 어떻게 표현할 수 있을까? 저마다의 공식이 있겠지만, 성공을 위해 쏟아붓는 '시간과 자원(리소스)' 값을, 나를 드러내고 싶은 욕망인 '과시욕' 값으로 나눈 것이라 표현할 수 있다. 즉, 리소스가 분자, 과시욕이 분모를 구성한다. (성공 = 리소스 ÷ 과시욕)

동원할 수 있는 시간과 자원을 모조리 쏟아부어도 과시하고 싶은 욕구가 그만큼 많으면 성취감은 커지지 않는다. 현재에 만족하지 못하고 성공에 대해 더 갈급함을 느낀다. 그렇다고 리소스라는 분자값을 무한히 늘리는 것에도 한계가 있다. 무작정 나를 불태우다 보면 반드시 번아웃이 와 버린다. 분자를 무한히 늘리는 것이 불가능하다면, 해답은 분모에 있다.

투자금을 받으면 제일 먼저 비싼 사무실을 빌리고, 많은 돈을 들여 인테리어를 꾸미고, 고급 자동차를 법인차량으로 등록시켜 타고 다니는 스타트업 창업가의 모습을 종종 본다. 최근 무리하게 고객을 끌어모으다가 뱅크런에 준하는 사태를 일으킨 한 스타트업 회사는 값비싼 펜트하우스와 외제차량까지 임차하며 돈을 물 쓰듯 쓴 것으로 드러나 논란이 된 바 있었다. 투자를 받은 것 자체가 성공이 아님에도, 이미 큰 성공이라 여기고 함부로 사치했던 결과다. 이렇게 그럴듯한 사업 아이템을 내세워 투자금을 끌어모으고, 조기 엑시트로 큰돈을 벌려는 사람은 욕망에 눈이 먼 사람이다. 하루빨리 성공한 사업가로 보이려는 욕망에만 혈안이 된 것이다. 그런 과시욕만 커지다 보면 역설적으로 성공과는 멀어지기 마련이다.

현명한 사람은 반대로 자신의 분모를 줄여 나간다. 나를 드러내고 싶고, 자랑하고 싶고, 잘나 보이고 싶은 욕망과 욕구를 줄이려 한다. 허례허식 대신 내실을 채우고, 남에게 인정받고 싶은 욕망을 내려놓고, 경쟁심과 질투에 휩싸이지 않는다. 그렇게 분모가 0에 이르면 그 값은 무한대로 나아간다. 마찬가지로 내 인생의 본질과 상관 없는 욕심은 버리고 나를 비워 0에 수렴해 간다면 인생의 성공 확률은 무한히 커진다. 더 겸손하게, 더 검소하게, 더 내 삶에 걸맞은 본질과 가치에 집중하는 것. 그것이 나를 진정한 성공으로 이끈다.

사업가는 사업하기에 앞서 이 질문에 답할 수 있어야 한다.
"사업을 해서 돈을 빌게 된 것인가? 아니면 돈을 벌기 위해서 사업을 하는 것인가?"

직장인도 역시 이 질문을 마주할 수 있어야 한다.
"일을 해서 돈을 벌게 된 것인가? 아니면 돈을 벌기 위해서 일을 하는 것인가?"

앞뒤로 몇몇 단어의 순서만 살짝 바꾼 것에 불과해 보이지만, 어느 단어에 방점을 찍는가에 따라 그 뜻은 크게 달라진다. 김정주도 인정했듯이 살아가기 위해 돈은 필요하다.[24] 사업을 유지하기 위해서나, 인간으로서 최소한의 존엄을 위해서도 돈은 중요한 존재다. 하지만 돈이 우리 인생의 목적이 될 만큼 중요하지는 않음을 기억하자. 돈은 더 행복한 삶을 살기 위한 중요한 수단일 뿐, 결코 인생의 목적이 될 수 없다. "어느 선을 넘으면 돈이 주는 가치는 거기서 거기다."라고 한 김정주의 말처럼, 어느 선까지 돈을 벌어야 만족할지 그 선을 적절히 정하는 것이 중요하다.

톨스토이 단편소설《사람에게 얼마나 많은 땅이 필요한가》의 주인공 파홈은 해가 떠 있는 동안 원하는 땅만큼 괭이로 표기하고 돌아오면 모두 갖게 해 주겠다는 악마의 제안을 받아들였다. 하지만 그는 선을 너무 멀리 그어 버렸고, 죽도록 달려 시작점에 돌아왔지만 심장마비로 쓰러지고 만다. 결국 그는 딱 자기 무덤만한 크기의 땅을 얻게 되었다. 비록 소설 속 이야기일지라도 그런 비극을 반복하지 말아야 한다. 좀 더 훌륭한 인생을 살고 싶다면 우리는 늘 이렇게 질문할 수 있어야 한다.

"나에게 돈은 목적인가, 수단인가?"

김정주에게서 배우는 메시지

내 삶이 지향하는 본질과 가치에 더 집중할 때 진정한 성공의 길로 들어설 수 있다. 돈은 그 과정에서 얻게 되는 부산물일 뿐이다.

PART 3

생존

"지속 가능한 기업이 되려면 오랫동안
함께 일할 만한 사람을 고르는 것이
가장 중요하다고 생각합니다."

_ KAIST 강의 中

"초기에는 도전정신이 중요하지만 오래
가는 기업을 만들려면 타인과 조화를
이룰 줄 아는 법을 배워야 합니다. 유저
(고객)도 가족처럼 만들고 20년 이상을
함께 가는 사이로 발전시켜 나가는
자세가 진정한 기업가 정신입니다."

_ 〈2012년 창업희망콘서트: 멘토에게 길을 묻다〉 창업토크 中

북부짧은꼬리땃쥐의 비애

　주로 캐나다와 미국 일부 지역에 서식하는 북부짧은꼬리땃쥐는 끊임없이 먹이를 찾아 헤매야 하는 잔혹한 운명을 갖고 태어난 동물이다. 사람보다 12배나 빠르게 뛰는 심장을 가진 탓에 에너지 소비가 매우 빨라 늘 배고프다. 그래서 하루에 자기 몸무게의 3배를 먹어야만 생존할 수 있다. 이 가엾은 동물은 3시간 이내에 먹이를 찾지 못하면 근육이 서서히 분해되면서 심장이 마비되기 시작하고 24시간이 지나면 죽음에 이른다고 한다. 이러한 신체조건 때문에 당장 먹이를 찾았다고 해서 안심할 수 없다. 곧바로 또 다른 먹이를 찾아 나서야만 생명을 이어갈 수 있다.

　북부짧은꼬리땃쥐를 보면 마치 생존을 위해 몸부림치는 수많은 사업가, 특히 스타트업 회사가 처한 현실을 생생하게 보여주는 듯하다. 2021년 대한상공회의소에서 발간한 보고서에 따르면 한국의 창업기업 생존율은 대략 1년 차 65%, 2년 차 50%, 3년 차 43%, 4년 차 33%, 5년 차 30%에 불과한 것으로 나타났다. 이것은 OECD 평균인 1년 차 81%, 2년 차 67%, 3년 차 58%, 4년 차 48%, 5년 차 41%에 비해, 대략 15% 정도 낮은 수준이다.[25] 세계 어디나 사업하는 것은 쉬운 일이 아니겠지만 특히 한국에서는 창업 5년 만에 기업 10개 중 7개가 사라지는 현실을 보여 준다.

사업은 정말 어렵고 쉽지 않은 길이다. 힘들게 사업을 안정시켰다 싶다가도 새로운 먹거리를 찾아내지 못하면 금방 시장에서 도태되고 만다. 마치 24시간 동안 먹이를 찾지 못하면 죽음에 이르고 마는 북부짧은꼬리땃쥐의 운명처럼 말이다. 김정주가 몸담았던 온라인게임 사업도 크게 다를 바 없다. 제대로 된 게임 하나를 만들기 위해서는 많은 인력과 시간, 비용이 투입된다. 게임 제작 중간에 프로젝트가 중단되는 것은 예삿일이고, 어렵게 게임 개발을 마치더라도 마지막 테스트 단계에서 게임 출시를 포기하는 일도 허다하다. 정식 출시를 했더라도 엄청난 마케팅 비용만 쏟아부은 채 수익을 내는 데 실패하기도 한다. 몇몇 대박이 난 게임들에 가려서 잘 보이지 않을 뿐, 수많은 게임이 반짝 나타났다가 사라지는 냉정한 곳이 바로 온라인게임 시장이다.

게임사들이 야심차게 도전장을 내밀었다가 조용히 사라지기 일쑤인 이 치열한 시장에서, 선두 주자의 지위를 잃지 않고 30년 가까이 꾸준한 성장을 거듭한 넥슨을 보면 그 비결이 더욱 궁금하다. 더구나 김정주는 다른 회사처럼 투자금 유치나 대출 같이 외부 자금을 끌어들이는 방법 대신 스스로 벌어들이는 수익을 통한 회사 운영을 철저히 고수했다. 이 냉혹한 시장에서 살아남고, 앞으로도 쉽게 사라지지 않을 수 있도록 회사의 기초를 쌓아 올렸던 김정주만의 비결은 무엇이었을까?

그가 살아남는 법

김정주가 처음부터 탄탄한 자본금을 가지고 사업을 시작했던 것은 아니다. 변호사였던 아버지에게 6,000만 원을 지원받아 10평짜리 오피스텔을 얻어 사업을 시작하기는 했지만, 안정적으로 사업을 계속 운영할 만큼 충분한 자금은 아니었다. 마침 일찍이 인터넷이나 온라인게임의 개념을 이해하고 있었던 미국 기업 IBM코리아로부터 4,800만 원을 투자받았다. 하지만 이 돈도 각종 인건비와 잡비로 충당하느라 6개월 만에 금세 바닥나고 만다.* 제작에 돌입한 〈바람의 나라〉는 언제 개발이 완료될지조차 알 수 없었다. 창업을 막 시작한 많은 사업가들이 그러하듯, 김정주 또한 입술이 바싹 타들어 갔을 터다. 이때 김정주의 선택은 무엇이었을까? 사업가들이 일반적으로 택하는 방법대로 투자금 유치에 나서거나 대출을 받기 위해 은행 문을 두드리는 길은 아니었다. 물론 신생기업에게는 그것도 그리 녹록한 일은 아니지만, 김정주는 그보다도 더 어려운 길을 택했다. 그것은 찬밥 너운밥 가리지 않고 '뭐든 닥치는 대로 열심히 하는 것'이었다.

김정주가 이끄는 넥슨은 웹오피스와 같은 여러 인터넷 솔루션 개발뿐만 아니라 기업체 내부의 인트라넷을 개발하는 용역 업무도 마다하지 않았다. 그런데 현대자동차 홈페이지 구축으로 시작한 웹에이전시 사업이 뜻밖에도 나날이 번창하기 시작하더니, 급기야 업계 선두 주자로 우뚝 서게 된다.* 웹에이전시 사업으로 한 해에만 10억 원씩 벌어들이는 성과에 이른 것이다. 이 결과를 단순히 운이 좋았기 때문이라고만 설명하는 것은 부당하다. 게임 사업이 아직 빛을 발하기 전이었을 뿐, 넥슨이 이미 그만한 영업력과 기술력을 이미 갖추고 있었기 때문에 가능한 일이었다.

김정주는 세상에 없던 온라인게임 회사를 만들겠다는 비전을 갖고 사업을 시작했지만, 그 길은 쉬이 열리지 않았다. 1996년, 어렵게 〈바람의 나라〉의 상용화를 시작해 얻은 성과는 월 90만 원의 매출이 전부였다. 비록 사업 비용 조달을 위한 호구지책이더라도 그로 인해 연간 10억 원씩 버는 기적을 이룬다면, 이 시점에서 대부분의 사업가는 성과가 드러난 사업을 선택할 것이다. 게임 사업은 언제 성공할 수 있을지 앞이 보이지 않았고, 대신 웹에이전시 사업은 이미 대성공을 이룬 뒤였다. 더구나 망하기 직전까지 갔던 회사가 이 정도 반전을 이루었다면, 성공을 더 굳히고 싶은 것이 당연하다. 하지만 김정주의 선택은 달랐다. 그는 웹에이전시 사업을 통해 벌어온 돈을, 성공 가능성이 불투명한 게임 사업에 쓰는 것을 멈추지 않았다. 상식적으로 이해되지 않는 의사결정으로 인해 웹에이전시 사업을 함께 했던 일부 핵심 인력이 이탈하는 아픔을 겪기도 했지만, 훗날 〈바람의 나라〉가 큰 성공을 거둬 결국 그의 선택이 틀리지 않았음을 증명하게 된다.

돈 벌 궁리를 하라

넥슨의 지주회사 NXC에서 함께 일하다 인연을 맺은 한 스타트업 창업가 부부에게 김정주가 했던 조언이 흥미롭다. 그들이 창업했을 때 김정주가 늘 잔소리처럼 했던 조언은 "돈 벌 궁리를 하라." 였다고 한다. 사장이라면 마땅히 해야 할 고민 같은, 그런 다소 뻔해 보이는 조언을 건넸던 김정주의 속내는 무엇이었을까?

"돈이 안 벌려서 회사가 힘들면 창업 때 끈끈했던 우정과 모든 것이 한 번에 무너져요. 결국 돈을 벌어야 회사가 잘 되고 모두가 행복해지죠."[26]

김정주가 돈 벌 궁리를 하며 어떻게든 살아남으라고 말했던 이유는 단순히 돈에 집착하라는 뜻이 아니다. 이것은 아마 넥슨 설립 이전에도 창업에 도전했다가 실패했던 그의 경험, 그리고 넥슨도 사업 초창기에 투자금을 거의 다 까먹었던 아찔한 경험에서 비롯된 조언이었을 것이다. 기업은 돈을 벌어야만 직원들에게 월급을 주고 그들의 생계도 책임질 수 있다. 아무리 직원들에게 최고의 대우를 해 주고 깊은 유대감이 형성되어 있다 해도 회사가 망하면 아무 소용이 없다. 회사 대표와 직원들 모두가 행복해지는 전제 조건의 1순위는 단연 생존이다. 자칫 회사가 망하면 직원들에게 월급도 줄 수 없고, 그들을 실업자로 만들 수도 있다는 책임감이 늘 스타트업 창업가를 짓누른다. 그렇기에 돈 벌 궁리를 하라는 조언은 그러한 창업가의 숙명을 등에 짊어지고서 생존을 위한 치열한 고민을 하라는 의미다. 그것은 김정주가 먼저 거쳐야만 했던 고민이기도 했다. 스타트업 창업가 부부에게 건넸던 또 다른 조언, 사업은 바퀴벌레처럼 버티는 것이 핵심이라 했던 말에서도 그의 치열했던 고민이 그대로 느껴진다.

그렇게 일단 살아남게 되면 다음 단계의 고민을 할 수 있어야 한다. 홀푸드마켓의 창립자 존 맥키는 "사람이 먹지 않으면 살 수 없듯, 기업도 이익이 나지 않으면 존재할 수가 없다. 하지만 사람이 먹기 위해 사는 것이 아니듯 이익은 존재 조건일 뿐 목적이 아니다."라는 말을 남겼다. 사람이 살기 위해서는 일단 먹어야 하지만, 오로지 먹기 위해 산다면 의미 있는 인생을 살 수 없다. 마찬가지로 기업도 생존하기 위해 일단 돈을 벌어야 하지만 오로지 그것이 사업의 목적이 되면 건강한 존속이 어렵다. 수익을 통한 생존도 중요하지만 사업을 하는 이유, 즉 초심이 매우 중요한 이유다. 김정주는 생존을 위해 몸부림치면서도 처음 넥슨을 창업했던 이유를 잊지 않았다. 웹에이전시 사업에서 번 돈으로 게임 개발에 더욱 집중 투자했다. 이것이 장기적으로 넥슨을 더 오랫동안 생존할 수 있게 한 원동력임을 결코 부정할 수 없다. 무엇보다 온라인 게임을 함께 만들어 보겠다는 일념으로 뭉쳤던 동료들을 지킨 것이 가장 큰 수확이었다.

호모 사피엔스가 생존한 이유

최초의 인류 오스트랄로피테쿠스가 세상에 출현한 이후 인류는 현재의 호모 사피엔스에 이르기까지 진화를 거듭해 왔다. 호모 사피엔스는 다른 인류 종과 생존 경쟁에서 승리해 지구상에 현존하는 유일한 인류로 남았다. 호모 사피엔스와 치열하게 경쟁했던 다른 인류, 네안데르탈인은 약 35만 년 전에 유럽에서 처음 나타나 서아시아와 유럽 등지에서 오랫동안 생존했다. 하지만 호모 사피엔스와의 생존 경쟁에 뒤처져 2~3만 년 전에 멸종했다. 네안데르탈인은 매우 강한 체격을 갖고 있었고, 두뇌도 호모 사피엔스에 뒤지지 않았던 것으로 알려져 있다.

호모 사피엔스보다 생존에 유리한 신체 조건을 가졌음에도 네안데르탈인이 멸종한 이유는 무엇일까? 네안데르탈인의 멸종 이유에 대해서는 여러 가설이 있지만, 한 가설에 따르면 운명을 가른 가장 중요한 요인은 바로 '사회성'과 '친화력'의 차이에 있었다. 네안데르탈인은 크고 사나운 동물들과도 직접 싸우며 사냥할 만큼 튼튼한 몸을 가지고 있었다. 하지만 호모 사피엔스는 뼈가 가늘고 근육도 약했기 때문에 체격으로는 네안데르탈인에 뒤질 수밖에 없었다. 대신 협력과 소통을 통해 빠르게 혁신하는 방법을 터득했고, 그 혁신을 함께 공유하면서 자신의 약점을 극복했다.[27] 반면 네안데르탈인은 육체적으로 강했던 까닭에 오히려 사냥 도구 개선이 늦었고 공동체를 통해 협력하는 방식에도 큰 관심을 기울이지 않았다. 강점이 약점이 되고, 약점이 강점이 되어 결국 그 두 인류의 운명을 가른 셈이다.

KAIST에서 겸임교수로도 활동한 바 있는 김정주가 '기술벤처'라는 과목을 맡아 강의했을 때 이야기다. 세계적인 색소폰 연주자 케니 지가 밴드 구성원을 한 명씩 차례로 청중에게 소개하며 칭찬하는 영상을 학생들에게 보여 주었다. 그리고 "오래 생존하는 기업의 특징을 맞혀보라."라는 질문을 던진 후, 이렇게 말했다.

"지속 가능한 기업이 되려면 오랫동안 함께 일할 만한 사람을 고르는 것이 가장 중요하다고 생각합니다."

김정주가 숱한 위기를 겪으면서도 넥슨의 생존을 넘어 엄청난 성장으로 이끄는 데 성공한 요인은 여러 가지로 설명이 가능할 것이다. 자신이 잘할 수 있는 것에만 집중했던 자기객관화, 중요한 순간에 과감한 투자로 여러 인수합병 건을 성공시킨 승부사적 기질, 일찍부터 세계 시장을 공략하며 글로벌 기업을 추구한 미래지향성, 매년 다양한 게임 라인업을 선보인 전략 등등. 하지만 아무리 대단한 사람이라도 이 모든 것을 혼자 감당할 수는 없다. 뛰어난 전략을 짜더라도 함께 협력하고 도와줄 좋은 동료들이 곁에 있을 때 비로소 실행할 수 있다. 네안데르탈인이 결국 생존에 실패하고 말았던 이유는 호모 사피엔스보다 체격과 두뇌가 뒤처졌기 때문이 아니라, 오히려 개인의 강인한 체격을 과신한 나머지 동료와 협력하는 방법을 터득하지 못했기 때문이다. 반대로 힘이 약했던 호모 사피엔스가 생존 경쟁에서 승리했던 것은 친화력을 토대로 다른 동료들과 협력하고 유대하는 방법을 터득했기 때문이다.

북부짧은꼬리땃쥐처럼 늘 생존을 걱정하며 먹거리를 찾아 헤매며 살아가는 것이 설령 우리의 운명이라 해도, 호모 사피엔스가 어떻게 최후의 생존자가 될 수 있었는지 기억하자.

"사람들과의 조화가 있어야 오래갈 수 있습니다."[28]

김정주에게서 배우는 메시지

생존을 위협하는 고난 앞에서도 내가 꿈꾸는 비전을 잃어버리지 않고 그 초심을 잘 간직한다면 큰 힘이 될 것이다. 그리고 그 비전을 내 소중한 사람들과 함께 공유한다면 그 힘은 몇 배나 강해질 것이다.

PART 4

자유분방

"게임은 재미를 주는 콘텐츠이고
그것을 만드는 사람들도 게임에 몰입해
즐겁게 만들어야 한다.
자유분방한 분위기가 좋다."

_ 2014 NDC넥슨 개발자 컨퍼런스 대담 中

"회사라는 것은 다른 무엇보다 내
결정으로 뭔가를 할 수 있는 일,
이게 사람을 정말 행복하게 하는 것
같습니다."

_ 〈2012년 창업희망콘서트: 멘토에게 길을 묻다〉 창업토크 中

자유분방주의자

자유自由. '외부적인 구속이나 무엇에 얽매이지 아니하고 자기 마음대로 할 수 있는 상태'라는 뜻을 가진 이 단어는 현 인류의 가장 보편적인 가치 중 하나로 여겨진다. 사람들이 더 많은 돈을 원하는 것은 경제적 자유를 얻기 위함이고, 민주주의를 위한 투쟁의 역사를 써온 것은 정치적 자유를 얻고자 했기 때문이다. 자유와 나란히 중요한 가치로 거론되는 평등도 사실 '누구나 차별 없이 자유를 누리는 것'을 의미한다고 볼 수 있다.

다만 자유가 늘 무제한으로 허용되는 것은 아니다. 한 사람의 무한한 자유를 위해 다른 사람들의 자유를 함부로 침해해서는 안 된다. 더구나 타인의 생명이나 재산을 강제로 빼앗으면서까지 자유를 누리는 것은 결코 용납될 수 없다. 자유는 언제나 타인의 권리를 함부로 침해하지 않는 선에서 제한되어야 한다. 다만, 그 지켜야 할 선을 어디까지 보느냐에 대해서는 사람마다 생각이 조금씩 다른 듯하다.

누구에게나 자유가 있고 그 자유가 중요하다는 것은 모두가 인정하는 사실이지만, 개인의 자유를 얼마만큼 인정할지는 각 사회마다 암묵적인 합의가 있다. 예를 들어, 어떤 나라는 교회를 다니는 것이 너무 당연하지만 어떤 나라는 기독교 신자를 박해한다. 또 동성애에 대해 비교적 관대한 사회가 있는 반면, 이를 배척하거나 심지어 사형에 처하는 곳도 있다. 이처럼 자유를 어디까지 허용할 것인가에 대한 사회적 합의와 규범은 내가 살아가는 곳이 어딘지에 따라 다르게 적용된다. 사실 사회적 합의와 규범에 순응하면 크게 불편함이나 어려움이 없다. 이슬람 국가에서 기독교를 믿는다는 이유로 박해받는다거나, 동성애를 한다는 이유로 사람들의 손가락질을 받을 필요도 없다. 그럼에도 불구하고 그 사회의 금기를 깨서라도 자유를 추구하는 사람들이 있다.

누구나 따라야 한다고 여겨지는 상식이나 관습에 얽매이지 않고 뜻대로 행동하는 것을 '자유분방'이라고 한다. 자유분방주의 Libertinism 라는 말은 영국의 철학자 토마스 홉스와 그에게 우호적이었던 사람들을 'Libertine'이라 일컬었던 데서 유래했다. 여기에는 경멸적인 의미가 담겨 있었는데 그가 당시 사람들 눈에 무척 튀는 자유주의자였기 때문이다.

자유는 스스로 하고 싶은 일을 하는 것을 의미하는 것이지만, 그것이 격식이나 관습에 얽매이지 않을 때 분방이라는 단어를 뒤에 붙여 자유분방이라고 부른다. 그리고 김정주는 '자유분방'이라는 단어가 누구보다 잘 어울리는 사람이었다.

사람은 하고 싶은 일을 하고 살아야 한다

김정주는 대학 시절 삼성 장학금을 받아 학업을 마친 삼성 장학생이었다. 대학 졸업 후에는 그 당시에도 누구나 가고 싶어 하는 직장이었던 삼성에 입사하기만 하면 됐다. 그랬다면 다른 삼성 직원들처럼 남들이 보기에도 꽤 번듯한 직장에서 안정적인 월급을 받으며 살 수 있었을 것이다. 하지만 그는 자신의 앞에 놓인 평탄한 길로 가는 대신 창업이라는 가시밭길을 선택했다. 그의 설명에 따르자면 당시 삼성에서 시행하던 7·4제, 7시에 출근하고 4시에 퇴근하는 시스템이 마음에 들지 않았기 때문이다.[29] 남들과 똑같은 시간을 보내며 틀에 박힌 삶을 사는 대신, 미래는 불안하지만 자유로운 사업가의 길을 선택했다. 아마 다른 사람들의 눈으로는 쉽게 이해되지 않는 결정이었겠지만 그는 자신의 마음이 이끄는 선택을 했다.

대학 졸업을 앞두고 있었을 때 그는 이미 KAIST 대학원 석사 과정에 합격한 상태였다. 그런데 어느 날 졸업이 불가능하다는 날벼락 같은 통보를 받는다. 어이없게도 교양 필수 과목을 수강해야 한다는 사실을 깜빡해 졸업 학점이 미달되었기 때문이었다. 대학 졸업이 가까워진 보통의 대학생이라면 누구나 자신의 수강 현황을 먼저 확인한다. 학교에서 만들어놓은 졸업 규정이 있기 때문이다. 하지만 김정주는 그런 규정은 신경 쓰지도 않고 자신이 들고 싶은 수업을 듣고 다녔다. 공대생이었음에도 음대에 가서 오케스트라 수업을 들었고, 교양 필수 과목인 사회학 개론을 듣는 대신 교양 선택 과목인 범죄심리학을 수강했다.* 그 결과 뜻하지 않게 대학교 5학년이 되고 만 것이다. 기껏 합격했던 KAIST 대학원은 입학 취소 처분을 받았고 1년 뒤에 다시 시험을 봐야 하는 처지에 내몰렸다. 김정주는 열심히 교무처와 교수 연구실을 들락거리고 총장실 앞에서 무릎을 꿇고 빌어도 보았지만, 학교의 규정이 본인만을 위해 예외적으로 처리될 수는 없었다. 어쨌든 졸업을 하지 못한 책임은 김정주 본인에게 있었다.

남들 다 취업하고 대학원에 진학하고 있는 와중에 홀로 어이없이 학교에 남아야 했던 김정주를 향해 누군가는 그를 한심하게 여기고, 실패했다고 말했을지도 모르겠다. 하지만 김정주는 졸업이 1년 연기된 시간을 허투루 보내지 않았다. 창업에 대한 생각을 좀 더 구체화하고, 잠깐이지만 카페를 차려서 사장 노릇을 해 보는 경험을 쌓았다.* 그에게 졸업 유예는 실패가 아니었다. 김정주의 삶에서 KAIST 대학원 진학은 궁극적인 삶의 목표가 아니라, 성공이라는 거대한 탑을 쌓기 위한 돌덩이 하나에 불과했기 때문이다. 대학 졸업이 미뤄지고 대학원 입학이 취소되는 대가를 치러야 했지만, 김정주는 '자신이 하고 싶은 일을 하는 즐거움'을 보상으로 얻었다. 내가 하고 싶은 일을 하는 것, 그 자체가 내 삶에 충분한 보상이 된다. 그 대가에 대해 스스로 책임질 준비만 되어 있다면, 누구나 그 보상을 마음껏 누릴 자유가 있다.

무엇이 진리인가

김정주처럼 자유분방한 삶을 살았던 인물로 떠오르는 사람이 있다. 바로 조선전기 때 우리나라 최초의 한문 소설《금오신화》를 쓴 것으로 잘 알려진 김시습이다. 김시습은 어려서부터 세종대왕이 인정할 만큼 장래가 매우 촉망받는 천재이자 인재였다. 하지만 수양대군이 계유정난癸酉靖難을 일으켜 조카인 단종으로부터 정권을 탈취했다는 소식을 듣자 크게 분노한다. 그리고 공부하던 책을 모두 불태우고는 스스로 승려라 칭하며 전국 팔도를 유랑하는 삶을 산다. 김시습이 매우 자유분방한 인물이었다는 것은, 그가 승려의 삶을 택한 데서 여실히 드러난다. 성리학을 통치 이념으로 삼고 있던 조선 시대의 사회적 합의와 규범에 따르면 불교는 이단 사상이었고 배척 대상이었다. 그럼에도 김시습은 승려가 되기로 결심했다. 자유분방주의자라는 비아냥을 들었던 토마스 홉스처럼 말이다.

당연히 여러 선비들의 비난이 그에게 쇄도했다. 특히 그의 옛 학우들은 "유학의 길을 버리고 이단의 길을 가는 것은 옳지 않다. 참된 논리는《논어》나《맹자》에서 찾아야 한다."라며 일갈하자, 김시습은 이렇게 대꾸한다.

"《논어》나《맹자》또한 결국 옛날 사람들로부터 전해져 오는 것일 뿐이다. 진리는 실제 자신의 생활 속에서 실천을 통해서 찾는 것이다. 세상에 도움이 되는 것은 그 어떠한 것도 진리이고, 그렇지 않은 것은 성현의 가르침이라도 헛된 것이다. 세상 인간들은 그저 눈을 부릅뜨고 출셋길을 찾지만, 세상에 도움이 될 만한 일은 하나도 못 하면서 늙어갈 뿐 아닌가?"30)

당시 사람들은《논어》나《맹자》의 정답을 따라 사는 것만이 진리라고 주장했지만, 김시습은 그 규범을 거부했다. 인생의 진리, 정답은 결국 실생활 속에서 실천을 통해 찾는 것이라 했다. 김시습은 당시 기준으로 제멋대로인 삶을 살았지만, 동시대를 살았던 인물들의 이름은 오늘날 잊혀진 반면 우리는 김시습의 이름을 뚜렷이 기억한다. 그가 남긴 한문 소설《금오신화》와 수많은 아름다운 시들과 함께.

인생도 MMORPG처럼

인생은 거대한 MMORPG 다중 접속 온라인 롤플레잉게임 게임 속 세상을 닮아 있다. MMORPG게임에서 게임 이용자인 유저들은 각자의 역할을 맡아 롤플레잉Role Playing을 한다. 전사처럼 방어력과 체력이 강한 캐릭터는 주로 몬스터의 공격을 앞에서 막는 탱커 역할을 맡는다. 마법사처럼 체력은 약하지만 공격력이 강한 캐릭터는 몬스터를 직접 공격하는 딜러 역할을, 사제처럼 체력을 회복시키는 기술이 있는 캐릭터는 힐러 역할을 맡는다. 그렇게 각자가 맡은 역할에 충실하며 게임을 즐긴다. 최고 난이도의 보스 몬스터를 잡아야 할 때는 함께 팀을 구성하여 파티 플레이를 하는 것이 유리하다. 각자가 가진 최고의 강점을 잘 활용하여 서로 도우면서 팀 플레이를 할 때 최고의 성과를 낼 수 있다. 탱커는 탱커답게, 딜러는 딜러답게, 힐러는 힐러답게 자신이 맡은 역할을 서로 잘 수행해서 무척 처치하기 어려운 보스 몬스터를 물리치고 희귀 아이템을 얻었을 때 느끼는 성취감, 기쁨, 재미는 매우 크다.

하지만 그것이 게임을 즐기는 정석이라 해서 반드시 그렇게만 게임을 즐길 필요는 없다. 파티 플레이가 게임의 중요한 요소라 해도, 또 대부분의 유저가 그렇게 게임을 한다고 해도, 나도 그들처럼 똑같이 게임할 필요는 없다. 솔로 플레이를 하며 여기저기 게임 속 세상을 구경 다녀도 좋고, 낚시하며 시간을 보내도 좋다. 새로 터득한 요리 레시피에 따라 음식 재료를 찾아다니는 여행을 해도 괜찮다. 게임은 내가 즐기기 위한 것이기 때문이다. 물론 열심히 몬스터를 잡고 퀘스트를 잘 수행해서 빨리 레벨을 올리는 것도 게임을 하는 보람이겠지만, 그것만이 전부는 아니다. 마치 현실이 우리에게 치열한 경쟁에서 승리해야만 성공했다는 듯이 말하지만, 그것만이 인생을 잘 사는 방법은 아닌 것처럼 말이다.

김정주의 삶도 그러했다. 수행 비서도 없이 직접 비행기 티켓을 예약하며 전 세계를 누비는 자유분방한 CEO였던 그는 2006년 어느 날 한국예술종합학교에 들어가 연극을 배우기도 했다. 머리를 식힐 시간을 가지면서 생생한 공연을 통해 새로운 콘텐츠를 찾고 싶었기 때문이다.* 현실이라는 이 거대한 게임 속에서 김정주는 거대한 길드를 이끄는 길드장이다가도 때로는 보스 몬스터 레이드를 다른 동료들에게 맡긴 채 길드에서 벗어나 유유자적 게임을 즐기는 유저였다.

자유분방한 삶을 살았던 김정주는 넥슨에도 그러한 조직문화가 이식되기를 바랐다. 직원들은 김정주가 던진 "놀러 와!"라는 말에 회사에 갔다가 어느새 "잘해 봐!"라는 말을 들으며 컴퓨터 책상 앞에 앉았다. 놀듯이 일하면서도 월급 받는 것이 전혀 이상하지 않은 회사를 만들었다. 세 번이나 입사와 퇴사를 반복해서 '세 번 입사 클럽'이 있을 만큼 퇴사와 입사의 문턱을 낮추고 자유롭게 일하고 싶은 사람들이 일하는 문화를 만들었다.[31]

그러한 방향은 2012년에 도입한 '넥슨포럼' 제도에서도 잘 드러난다. 직원들의 창의성을 고취하고 자기계발의 기회를 제공하겠다는 취지로 도입된 이 제도를 통해 예술, 문화, 인문 등에 걸쳐 다양한 체험활동과 교육 프로그램이 운영되었다. 넥슨 사내밴드인 '더놀자 밴드'도 이때 만들어졌다.[32] 김정주는 개발자가 단순히 코딩뿐만 아니라 악기도 배우고, 디자이너가 디자인 뿐만 아니라 전혀 다른 문화도 배우고 접하기를 바랐다. 그렇게 직원들 또한 자신처럼 틀에 얽매이지 않는 자유분방한 경험과 사고방식을 가지길 바랐다. 그 결과 넥슨은 어느 회사보다도 자유로운 분위기의 조직문화가 만들어졌고, 이것은 지금도 넥슨만의 훌륭한 DNA이자 경쟁력이 되었음은 부정할 수 없는 사실이다. 이제 그의 뒤를 따르고자 하는 수많은 창업가들이 그의 자유분방한 가치관과 조직문화를 벤치마킹하고 기억할 것이다. 마치 자유분방한 삶을 살았던 김시습을 그의 가치관이 담긴《금오신화》를 통해 지금도 많은 사람이 기억하고 있듯이 말이다.

김정주에게서 배우는 메시지

누군가의 시선이나 세상의 틀에 얽매이지 않고 하고 싶은 것을 하는 과정을 즐기는 것, 그것 자체가 인생을 살면서 얻을 수 있는 매우 훌륭한 보상이다.

PART 5

가치

"조직원과 게이머들한테 널리 공유된
회사에 대한 믿음이나 기대 같은 게
있죠. 그게 회사의 진짜 가치라고
생각해요."

_ 회고록《플레이》中

"넥슨도 어떻게 아이들과 부모들에게
좋은 회사라는 느낌을 줄 수 있을지
깊이 연구하고 있습니다."

_〈프리미엄조선〉인터뷰 中

기업의 존재 이유

사람이 아님에도 법적으로 인격을 부여받은 존재를 법인法人이라한다. 개인이 사업을 하다가 실패하면 개인사업자 본인이 모두 책임져야 한다. 하지만 법인은 망하더라도 그 법인의 지분을 가진 사람들이 보유한 지분만큼만 책임을 지면 된다. 또한 개인사업자는 사업을 통해 얻는 이익을 모두 가지지만 법인은 그렇지 않다. 법인은 태생적으로 '아낌없이 주는 나무'가 되기 위한 운명을 갖고 태어난 존재이기 때문이다. 그래서 법인은 개인사업자보다 낮은 세율이 적용되어 더 많은 세제 혜택을 누린다. 이 혜택은 법인이 개인사업자보다 사회적으로 더 큰 기여를 할 것이라는 믿음에서 비롯된 것이다.

법인도 고객에게 양질의 제품과 서비스를 제공하는 대가로 이익을 추구하지만, 그 이익은 법인에 돌아가는 것이 한 푼도 없는 것이 정상이다. 법인이 거둔 이익은 여러 형태로 환원된다. 일부는 고용한 임직원에게 '급여'의 형태로, 일부는 공동체 사회에 '투자'의 형태로 환원된다. 또 다른 이익 일부는 정부에 '세금'의 형태로 환원되고, 그리고 나머지 이익은 주주에 '배당금'의 형태로 환원된다. 이때 오너나 사장 개인이 그냥 가져갈 수 있는 이익은 없다. 한 명의 임직원으로서, 공동체 사회의 일원으로서, 국민으로서, 주주 중 한 명으로서 법인이 내뱉는 이익 일부를 누릴 뿐이다.

이렇듯 법인회사를 운영한다는 것은 아낌없이 주는 나무를 키우는 것과 같다. 사업을 통해 얻을 수 있는 개인의 이익도 물론 중요하지만, 그에 앞서 어떻게 회사를 성장시켜 과실을 맺고 그 과실을 다시 사회에 환원할지에 대한 부담도 함께 짊어져야 한다. 다만 '이익'과 '환원'의 균형이 매우 중요하다. 이익에만 집착하는 회사는 오히려 사회에 부정적인 영향을 미칠 가능성이 크고, 반대로 이익을 내지 못하는 회사는 환원할 것도 없이 생존 자체가 어렵기 때문이다. 하지만 경영학의 아버지 피터 드러커는 새로운 관점을 제시한 바 있다. 기업은 이익이 아니라 고객 창조를 우선으로 사업을 경영해야 하며, 이익은 고객 창조의 과정에서 하나의 부산물로서 자연스럽게 따라올 것이라고 본 것이다. 어쨌든 고객 만족과 이익 실현, 이 두 가지 과제는 사업가가 동시에 마주해야 하는 가장 어려운 숙제인 것은 분명해 보인다. 그리고 정말 뛰어난 사업가는 외부 고객뿐만 아니라 내부 고객, 즉 회사 조직원의 기대에도 많은 관심을 가진다.

뛰어난 사업가였던 김정주였지만, 그에게도 이 두 가지 과제의 정답지를 동시에 찾아가는 과정은 결코 쉬운 일이 아니었다. 그는 넥슨이 게임 유저의 사랑을 받으면서도 동시에 꾸준한 이익을 내며 성장하는 회사를 만들어야 하는 과제가 있었다. 그러한 고민 끝에 세계 최초로 부분 유료 과금 모델을 도입해 21세기 최고의 기업이라는 칭송을 얻기도 했지만,[33] 동시에 '돈슨돈+넥슨의 합성어'

이라는 불명예스러운 별명을 얻기도 했다. 똑같은 회사를 두고 이렇게 상반된 평가가 공존하는 이유는 회사의 가치를 매기는 방식이 각자 다르기 때문이다. 고객이 그 회사의 제품과 서비스에 기대하는 수준을 얼마나 충족하는지에 따라 회사의 평가가 달라진다. 그 사실을 잘 알고 있었던 김정주도 이렇게 털어놓았다.

"조직원과 게이머들한테 널리 공유된 회사에 대한 믿음이나 기대 같은 게 있죠. 그게 회사의 진짜 가치라고 생각해요. 특정 게임 하나를 만들 수 있느냐 없느냐의 기술력 차이가 회사의 가치가 아니란 거죠. 그 진짜 가치를 잊어버리면 회사는 끝나는 거죠."[*]

고객은 제품만 사지 않는다

1988년 여름, 김정주가 대학생 연수 프로그램에 선발되어 후배인 최승우와 함께 일본 연수를 간 적 있었다. 그들이 도쿄 아키하바라를 갔을 때, 한 대형 게임 판매점 앞에서 사람들이 텐트까지 쳐놓고 밤새 줄 서서 기다리는 장면을 목격한다. 게임 하나 가지고 뭘 저리 유난스러울까 싶다는 투로 최승우가 말하자 김정주는 이렇게 대답한다.

"나 말야, 나중에 게임을 제대로 만들어서 일본인들이 내가 만든 게임을 사려고 저렇게 줄을 서는 걸 구경 좀 해 보고 싶어. 그러면 참 기분이 좋을 것 같아."*

1988년 당시에도 일본에는 여러 종류의 게임이 판매되고 있었다. 이 세상에 딱 하나의 게임만 있는 것이 아니었음에도 많은 사람이 텐트 치고 밤을 새워 가면서까지 그 게임을 사고 싶어 했던 것은 그 게임만이 선사하는 독특한 가치가 있다는 고객의 믿음 때문이다.

사람들이 빵을 사 먹는 이유는 배고픈 배를 채우는 동시에 맛있는 빵을 먹고 싶기 때문이다. 따라서 빵이 반드시 제공해야 할 가치는 적당한 영양분과 맛있는 식감이다. 하지만 어떤 사람들은 그 외의 다른 가치에 이끌려 빵을 사기도 한다. 귀여운 캐릭터 스티커를 동봉해 선풍적인 인기를 끌었던 P빵이 좋은 예다. 그와 비슷한 영양분과 맛을 가진 빵들이 진열대 위에 무수히 많음에도, 많은 이들이 굳이 P빵을 사려고 줄을 섰다. P빵은 어린이뿐만 아니라 20대 이상의 성인들에게도 큰 호응을 받았다. 성인 소비자들은 자신이 어렸을 때 보았던 만화 캐릭터가 그려진 빵을 보며 어린 시절 추억을 회상하기도 했다. 그래서 이들은 수십 분, 몇 시간 동안 마트 개점 시간을 기다리며 줄 서는 노고도 마다하지 않는다. 단순히 P빵을 사는 것이 아니라, 그것이 가지고 있는 가치를 함께 구매하기 때문이다.

P빵이 전국적으로 유행하던 중 P빵을 생산하던 공장에서 한 노동자가 숨지는 사건이 발생했다. 대중이 분노하며 그 회사가 판매하는 빵을 사먹지 않겠다는 불매 운동의 흐름이 조성됐다. 사실 그 안타까운 사고가 발생했다고 해서 빵의 영양분이나 맛이 크게 달라지지는 않았다. 다만, 고객이 바라보는 그 빵의 가치가 크게 달라졌을 뿐이다.

이처럼 소비자는 어느 회사의 제품을 살 때 단순히 제품만 사지 않는다. 동시에 그 제품의 가치를 함께 산다. 그리고 그 가치는 회사가 아니라 고객 각자가 직접 판단하여 내린다. 고객이 판단했을 때 가치가 충분하다고 여긴다면 기꺼이 대가를 치르며 구매할 것이고, 그렇지 않다면 외면한다. 마치 같은 빵을 두고도 사겠다는 고객이 있고, 불매하겠다는 고객이 있듯 말이다.

그렇다면 게임의 가장 큰 가치는 어디에서 올까? 물론 게임에 교훈적이거나 유익한 내용을 담는 것도 의미가 있겠지만, 결국 게임의 본질은 얼마나 재미있느냐에 달렸다. 김정주는 그런 게임을 만들고 싶었다. 넥슨만의 독창성과 짜릿한 재미라는 가치를 전달하고 싶었다. 다만 게임이 주는 재미를 중독이라 여기는 일부 비판에 늘 직면해야 했다. 김정주 스스로도 넥슨의 콘텐츠를 "누군가에겐 불량식품 같은 재미"라며 자조적으로 말했을 정도다. 어쨌든 이것은 김정주가 풀어 나가야 했던 숙제였다.

스토케를 인수한 이유

넥슨은 유모차 전문 회사인 스토케를 약 5,000억 원에 인수한다는 발표로 세간을 놀라게 한 적 있었다. 투자에 일가견 있는 것으로 이미 정평이 난 김정주였지만, '게임 회사에 유모차'라는 조합은 다소 생뚱맞아 보였기에 많은 이들이 그 인수 배경을 궁금해했다. 물론 아이를 먼저 생각한다는 스토케의 경영 철학이 넥슨과 같다는 점이 투자를 결정하는 데 중요한 요인이 되었다는 발표가 있었지만, 그럼에도 이 결정을 의아하게 바라보는 시선이 있었다. 이에 대해 김정주는 이렇게 설명한다.

"투자 대상이 꼭 게임일 필요는 없다. 앞으로도 좋은 매물이 나오면 업종을 가리지 않고 검토할 것이다. 스토케 유모차는 엄마와 아기가 언제라도 시선을 마주치며 일체감을 느낄 수 있도록 정교하게 디자인된 게 특징이다. 스토케 본사가 있는 노르웨이 올레순에 가보니 배 나온 아주머니들이 손수 수작업을 하고 있더라. 비용 절감이 우선되는 미국계 기업과는 사뭇 달랐다. 회사가 추구하는 철학이 있다."[34]

자신의 가치관과 일치한다면 굳이 그 투자 대상을 게임 산업에 국한하지 않았다. 그는 실제로 게임이 아이들에게 건전한 놀이 문화를 제공하는 수단이 되기를 바랐고, 그런 가치관에 부합한다면 기꺼이 투자하거나 기부에 나섰다. 2013년 제주도에 국내 최초로 컴퓨터박물관을 개관했고, 또 어린이재활병원 건립에 막대한 비용을 기부금으로 냈다. 또 '욕 필터링 데이터베이스'를 만들어 기업이나 개인 개발자들에게 무료로 제공하기도 했다. 넥슨이 사회적 책임에도 상당히 신경 쓰며 사업을 운영했다는 증거다. 김정주는 수익을 추구하는 방식에도, 돈을 쓰는 것에도 나름의 가치관을 갖고 사업을 했다. 넥슨이 초등학생들의 코 묻은 돈을 가져간다는 혹자의 비판이 있을 만큼, 어린이들이 넥슨 게임 주요 고객층이었던 사실은 부정할 수 없는 사실이다. 하지만 그는 오로지 이윤 추구에만 몰두하는 사업가는 아니었다. 피터 드러커가 얘기했던 '고객 창조'에 대해 치열하게 고민했고, 자신의 고객들에게 어떤 가치를 전달할 수 있을까를 함께 고민하는 사업가였다.

디즈니 같은 회사를 꿈꾸다

김정주는 넥슨을 디즈니 같은 회사로 만들고 싶다는 얘기를 종종 한 바 있다. 사람들이 게임을 사고 싶어 밤새 줄 서 있는 모습을 일본에서 보았듯이, 디즈니도 그만큼 대중들이 원하는 콘텐츠를 팔고 있다고 여겼기 때문이다.

"제가 디즈니에 제일 부러운 건 디즈니는 아이들을 쥐어짜지 않는다는 겁니다. 아이들과 부모들이 스스로 돈을 싸 들고 와서 한참 줄 서서 기다리며 디즈니의 콘텐츠들을 즐기잖아요. 기꺼이 즐거운 마음으로 디즈니한테 돈을 뜯기죠."

하지만 이어지는 말에서 넥슨은 아직 거기에는 이르지 못했다는 아쉬움이 진하게 드러난다.

"넥슨은 아직 멀었어요. 누군가는 넥슨을 죽도록 미워하잖아요. 우리 콘텐츠는 재미는 있는네 어떤 이들에게는 불량식품 같은 재미인 거죠. 우리가 풀어야 할 숙제이기도 하고."*

김정주는 이 숙제에 대한 그 나름의 해답도 내놓은 바 있다. 그것은 결국 시간이었다. 100년 이상 지속하는 기업, 100조 원대 가치를 지닌 기업을 꿈꾼다고 들었다는 어느 기자의 질문에 그는 이렇게 답했다.

"(게임 산업의 경우) 재미있게 게임에 몰입하면서도 게임 회사에 욕을 하곤 합니다. 디즈니랜드에 가 보니 아이들이 긴 줄을 서고 고생을 해도 행복해하는 것을 봤습니다. (…) 디즈니처럼 해야 100년 갈 수 있을 것 같습니다. 넥슨도 어떻게 아이들과 부모들에게 좋은 회사라는 느낌을 줄 수 있을지 깊이 연구하고 있습니다."[35]

100년 가는 회사를 만들고 싶어 했던 김정주는 이제 넥슨에 없다. 하지만 그의 꿈을 이어받은 사람들이 그의 빈자리를 채워나가는 중이다. 그가 꿈꾸던 회사의 가치와 철학에 공감하는 사람들이 세상에 남아 있는 한 언젠가 그의 꿈은 반드시 이루어질 것이라 믿는다.

김정주에게서 배우는 메시지

기업은 제품뿐만 아니라, 그 제품이 담고 있는 가치를 고객에게 함께 팔아야 한다. 고객이 행복함을 느끼는 제품을 팔 때 그 기업도 오래 갈 수 있다.

III

도전을 즐긴 사람

PART 1

창조

"제가 무엇보다 그런 일에 흥미도 있고
재미도 있어서 회사의 방향에 도움이
되는 일이라 믿고 있습니다."

_〈2012년 창업희망콘서트: 멘토에게 길을 묻다〉 창업토크 中

"입시지옥 등 정해진 테두리 안에
갇혀 살아온 후배들이 이를 벗어나지
못하는 것을 보면 '어떻게 이들의 눈을
깨워줄까'란 생각에 가슴이 미어진다."

_게임 제작 동아리 및 게임업계 지망생들 간담회 中[36]

해 아래 새것은 없다

아이폰을 세상에 처음 공개했던 프레젠테이션 무대 위에서 스티브 잡스는 이렇게 선언했다.

"아이팟, 휴대폰, 인터넷. 이것은 3개 각각의 기기가 아닙니다. 하나의 기기입니다. 우리는 이것을 아이폰이라 부릅니다."

보통 '창조創造'라고 하면 사전적 의미처럼 '전에 없던 새로운 것을 처음으로 만든다'라는 뜻으로 받아들인다. 하지만 창조란, 스티브 잡스가 기존의 아이팟, 휴대폰, 인터넷을 하나로 연결해 아이폰이라는 새로운 기기를 만들어낸 것처럼 무無에서 유有를 창조하는 것이 아니라 유에서 새로운 유를 창조하는 과정이라 할 수 있다. 기존에 있었지만 서로 아무 연관이 없던 것들을 조합하여 새롭게 만들어내는 것이 바로 창조이고, 그것을 가능하게 만드는 능력을 창의력이라 부른다. 그렇기에 "하나님이 이르시되 빛이 있으라 하시니 빛이 있었다."라는 식의 창조는 성경에서만 가능할 뿐이다. 인간의 창조는 늘 원래부터 있던 것의 새로운 발견과 연결을 통해 이루어졌다. 지혜로웠던 임금 솔로몬이 썼던 표현을 빌리자면, "해 아래 새것은 없다."

김정주가 세계 최초로 선보인 그래픽 온라인게임도 그러한 창조 과정을 거친 결과물이었다. 게임, 즉 놀이문화는 인류 유사 이래 다양한 형태로 있었다. 바둑이나 장기처럼 꽤 복잡한 놀이부터 땅따먹기나 말뚝박기처럼 어릴 적 친구들과 즐겨하던 놀이 말이다. 현대에 들어 컴퓨터나 콘솔게임기로 즐길 수 있는 패키지게임이 만들어지면서 전혀 새로운 유형의 놀이를 즐길 수 있게 되었지만, 온라인이라는 개념이 아직 없던 시절이었다. 당시 게임을 만들던 개발자들도 그 이상은 생각하지 못했다. 게임기나 컴퓨터로 혼자 노는 것만 생각했을 뿐 여러 사람이 같은 가상 공간에 동시 접속해 함께 게임을 즐기는 것은 상상도 하기 어려운 시절이었다. 하지만 온라인게임의 등장은 이러한 관념을 여지없이 깨뜨렸다.

국내에서 최초로 개발된 온라인게임은 1994년 마리텔레콤이 개발한 〈단군의 땅〉이었다. 하지만 이 게임은 지금의 게임과는 많이 달랐다. 이 최초의 온라인게임에는 오로지 텍스트, 즉 글자만 있었다. 텍스트로 제시되는 상황 설명을 보고 키보드로 명령어를 입력해 게임을 하는 방식이었다. 여기에 '그래픽을 입혀보면 어떨까'라는 아이디어를 떠올린 사람이 송재경이었고, 여기서 무궁무진한 사업 가능성을 발견한 사람이 바로 김정주였다. 그렇게 세계 최초의 그래픽 온라인게임은 이미 존재하고 있었던 게임에 온라인과 그래픽이라는 요소가 결합해 새로 창조되었다.

메타버스와 가상 화폐의 원형이 되다

김정주와 넥슨의 성장 과정은, 전에 없던 새로운 길을 개척해 온 여정이었다. 최초의 그래픽 온라인게임 〈바람의 나라〉는 MMORPG라는 게임 장르를 개척했고, 그 후 다양한 장르의 게임을 출시해왔다. 〈바람의 나라〉 출시 이후에 곧이어 정통 판타지에 기초를 둔 RPG게임 〈어둠의 전설〉을 내놓은 데 이어, 기존 MMORPG 장르에 낚시나 요리 같은 아기자기한 재미를 더한 〈일랜시아〉를 선보였다. 최초의 온라인 캐주얼게임인 〈퀴즈퀴즈〉에 이어 〈크레이지아케이드〉를 선보여 큰 성공을 거둔다. 〈스타크래프트〉의 대항마로 만든 MMORPG 기반의 전략시뮬레이션게임인 〈택티컬커맨더스〉는 상업적 성공은 거두지 못했지만 2001년 인디게임페스티벌에서 대상을 비롯 4개 부문을 석권하는 등 세계적으로 좋은 평가를 얻었다. 레이싱게임 〈카트라이더〉는 더 말할 것도 없다. 넥슨은 다양한 유저를 고객으로 확보하겠다는 전략 하에 다양한 상품 라인업을 선보였다. 당시 MMORPG만이 거의 유일한 게임 장르로 대접받던 분위기에서 넥슨의 과감한 시도는 신선한 충격을 주었다. 이처럼 다양한 게임을 개발하며 새로운 길을 개척해온 내력은 수많은 IP Intellectual Property, 지식재산권를 남겼고, 넥슨의 핵심 경쟁력이 되었다.

〈바람의 나라〉는 최근 IT 트렌드로 각광받는 메타버스의 효

시라 불리며, 새 시대를 열어젖힌 게임이라는 평가를 받는다. 김정주는 이 게임으로 가상 세계를 만들겠다고 주위에 여러 번 얘기한 적 있었다.[37] 코로나19 이후 사회적 거리두기가 강화되면서 메타버스가 큰 주목을 받기 시작했는데, 김정주는 이미 20년 전부터 메타버스의 개념을 이해하고 그 방향을 제시했던 셈이다.

김정주는 가상 화폐 투자에도 큰 관심을 보였던 바 있다. 국내 최초 가상 화폐 거래소 코빗과 유럽 가상 화폐 거래소인 비트스탬프를 인수하고, 약 1억 달러 규모의 비트코인을 매수하기도 했다. 흥미로운 것은 가상 화폐의 원형이라 할 수 있는 게임 캐시를 처음으로 도입한 곳이 바로 넥슨이었다는 점이다. 2001년 출시된 〈퀴즈퀴즈〉에서 사용할 수 있는 아이템을 가상의 화폐인 게임 캐시로 구매할 수 있도록 적용했다. 전에 없었던 게임 유료화 시도를 우려하는 시선도 있었지만, 이제 온라인게임에서 가상 캐시는 매우 보편적인 결제 수단이 되었다. 이것이 게임 밖으로 뻗어 나온 것이 바로 가상 화폐인 셈이다.

넥슨은 비즈니스 수익 모델을 창출하는데도 개척자의 면모를 유감없이 발휘했다. PC방을 중심으로 시장이 형성되던 온라인게임 태동기에 당시 게임사가 돈 버는 수익모델은 사용 시간에 따라 과금하는 유료 정액제였다. 하지만 넥슨은 업계 최초로 부분 유료화 과금 모델을 적용하여 고객 확보와 수익성 두 마리 토끼를 한

꺼번에 잡는 데 성공한다. 세계적인 베스트셀러《롱테일 경제학》과 《Free 프리》을 쓴 크리스 앤더슨은 21세기 최고의 기업으로 구글과 넥슨을 꼽았다. 넥슨에 대해서는 "무료Free로 상품게임을 나눠주고 충성 고객 일부가 자발적으로 돈을 지불하도록 만드는 21세기형 '프리미엄'Freemium·Free+Premium 사업 모델을 세계 최초로 만든 기업"이라고 덧붙였다.[38]

창조란 새로운 가치의 발견이다

금은 오래전부터 동서양을 막론하고 귀하게 여겨지는 금속이다. 사람들의 끝없는 소유욕만큼 많은 양의 금을 채굴할 수는 없기에, 그 대안으로 활발하게 일어난 연구가 금을 만들기 위한 연금술이었다. 구리, 납, 주석같이 흔한 광물을 금으로 바꾸는 이 시도가 성공했다면 매우 획기적인 시도로 기록되었겠지만, 결국 실패할 수밖에 없었다. 구리는 구리고, 금은 금이기 때문이다. 원소 자체가 가진 본질을 사람의 힘으로 바꿀 수는 없다. 이제 구리를 금으로 바꾸는 것은 불가능하다고 판명되었다. 그럼 구리는 아무 가치가 없는 금속일까? 아니다. 구리의 진정한 사용법을 몰랐던 때에는 그랬을지 몰라도, 지금은 그렇지 않다.

예전에는 동전을 만들거나 청동으로 합금하는 용도로 구리를 활용했지만, 공업이 발전하면서 구리의 활용도는 훨씬 커졌다. 오늘날에 들어서는 부품 소재 제작에 들어가는 필수 금속이 되어 산업 전반에 안 쓰이는 곳이 없을 정도다. 게다가 대표적인 친환경 산업이라 할 수 있는 전기차나 태양광, 풍력 터빈에도 구리가 많이 쓰이면서 그 중요성은 점점 더 커지고 있다. 비록 구리를 금으로 바꾸는 것은 실패했지만, 구리의 가치를 새롭게 발견해 냈다. 이제는 누구도 구리를 아무 가치 없는 금속이라 여기지 않는다.

이처럼 진정한 창조는 기존에 이미 있던 것이었지만 전에는 몰랐던 새로운 가치를 발견하는 과정이다. 사실 김정주가 개척한 길이 모두 새로운 것은 전혀 아니다. 온라인게임이라는 가상 세계는 현실 세계를 컴퓨터 속 가상 공간으로 옮기고, 가상 화폐의 원형이 된 게임 캐시는 현실에 있는 돈을 게임 속에서 재탄생시켰을 뿐이다. 부분 유료화는 유료 게임과 무료 게임 사이의 절묘한 균형점이었고, 그가 처음으로 개척한 MMORPG는 기존에 있던 롤플레잉게임을 여러 사람이 동시에 접속해서 즐길 수 있도록 구현한 결과였다. 세상에 이미 있던 것들에 새로운 가치를 부여하는 것. 그것이 바로 김정주가 보여준 창조였고, 창의였다.

360명 모두가 1등으로 가는 길

　같은 것도 남들과 다르게 보았던 김정주의 그 창의력은 어디서 왔을까? 김정주의 대학원 시절 은사였던 이광형 KAIST 총장이 말한 그 비결은 부적응자로 보일 만큼 자유분방한 기질에 있었다. 그의 회고에 따르면 김정주는 평범하지 않은 학생이었다. 수업에 잘 안 들어오고, 세미나에도 늦게 들어왔다가 일찍 나가기 일쑤였다. 어떤 날은 머리 색깔이 노란색으로, 또 어떤 날은 빨갛게 물들어 있기도 했다. 심지어 교수 앞에서 인사조차 공손하지 않게 머리를 까딱하고 마는 것을 볼 때마다 마음속에 욱하는 감정이 치미는 것도 당연했다. 하지만 그때마다 이광형 총장은 이렇게 생각하며 마음을 고쳐먹었다고 한다.

　'저렇게 제멋대로인 학생도 좋은 재목이 될 수 있다.'

　그리고 그렇게 제멋대로이고 자유분방했던 김정주는 넥슨을 창업하고 세계적인 게임 회사로 성장시킴으로써 이광형 총장의 기대대로 자신이 좋은 재목이었음을 스스로 입증해냈다.[39]

　대학원에 진학한 학생이라면 학업에 충실하고 열심히 논문을 준비하는 것이 당연하다고 여겨진다. 하지만 김정주는 기껏 대학원에 진학한 뒤 박사 과정을 중퇴하고 사업에 매진했다. 이미 많은 사람이 지나가 반듯하게 정리된 길을 선택하는 대신, 길도 나 있지 않은 풀숲을 헤치며 가겠다고 선언했다. 이때 주위 사람들이 모두 그를 뜯어말리며 못 가게 막았다면 지금의 넥슨이 존재할 수 있었을까? 세상 사람들이 오로지 금광을 캐는 데만 집중하고 심지어 일부는 구리를 금으로 바꾸겠다는 허황된 목표를 쫓아갈 때, 김정주는 누구도 미처 몰랐던 구리 그 자체의 가치를 알아보고 사업을 시작했다. 이것이야말로 진정한 의미의 연금술이라 할 수 있지 않을까.

고故 이어령 초대 문화부 장관은 모두가 한 방향으로 달리면 1등은 한 명이지만 360도 방향으로 각자 다르게 뛰면 1등이 360명이라는 말을 한 바 있다. 우리 사회는 모두 똑같은 결승점을 향해 달려야만 한다고 강요한다. 옆에 뛰는 경쟁자들을 물리치고 그 결승점에 가장 먼저 도달한 사람만이 모든 것을 거머쥘 수 있다고 끊임없이 말한다. 모두가 한 방향으로 달린다면 1등은 오로지 한 명만 정해질 수밖에 없다. 360도로 각자 자신이 원하는 방향을 향해 달리면 360명 모두가 1등이 될 수 있는데도 말이다. 앞에 무엇이 펼쳐질지도 모르는, 남들이 가지 않은 길을 홀로 가는 것은 두렵고 외로운 길이다. 하지만 그런 두려움을 이겨내고 용감하게 자신만의 길을 개척해 나가는 사람만이 새로운 세상을 창조하는 특권을 누린다.

좁은 섬 안에 갇힌 펭귄들이 한정된 먹이를 두고 서로 다투면, 제일 힘센 펭귄이 가장 오래 살겠지만 결국 먹이가 소진되면 다 함께 공멸할 뿐이다. 하지만 용감하게 가장 먼저 바다로 뛰어내리는 퍼스트 펭귄은 새로운 먹이를 찾아내어 다른 펭귄들과 공존할 수 있는 길을 연다. 그리고 세상은 제일 힘센 펭귄이 아니라, 가장 용기 있었던 그 펭귄을 기억할 것이다. 김정주 같은 세상의 부적응자들이, 새로운 바다로 먼저 뛰어드는 사람들이 우리 사회에서 무척 귀중한 이유다.

김정주에게서 배우는 메시지

오로지 금만 가치가 있다고 믿는 사람들에게, 구리에도 놀라운 가치가 있다는 사실을 알리는 과정이 창조이고, 실제로 그것을 증명해 내는 능력이 창의력이다.

PART 2 # 도전

"게임을 사라고 무조건 들이밀었다. 안 산다고 하면 다른 게임 내밀며 이걸 사라고 졸랐다. 우리 게임이 최고는 아니지만 일단 도전했고 성과가 났다."

_〈조선비즈〉 인터뷰 中[40]

"두려워요, 늘. 그런데 제가 깡통 차는 건 전혀 두렵지 않아요. 원래 맨몸으로 태어났는데 돌아간다 해도 뭐 어때요."

_ 회고록 《플레이》 中

어떤 선택이든 리스크는 존재한다

미국의 웹소설 플랫폼 래디쉬를 설립한 이승윤 창업자는 옥스퍼드 유니언 회장이라는 남다른 이력을 지닌 인물이다. 졸업 후 창업의 길을 고민하던 그는 그의 창업 멘토였던 김정주에게 이메일로 조언을 구했다. "당장 창업은 무섭고 일단 취업은 어떨까요?" 이때 김정주는 이렇게 회신했다고 한다.

"첫 직장이 인생을 많이 결정해 주는데 말이야. 취업은 다리를 건너거나(돌아오기 아주 어려운), 잘못해서 절벽에서 뛰어내리는 경우(많은 경우가 그렇지만 너는 아닌 듯)가 많거든. (취업은) 너에게 제트기를 타고 우주를 가는 일이 아닐지라도, 적어도 헬리콥터를 타고 호수를 건너는 일이지. 문제는 돌아올 수 있는 길이 거의 없다는 것이고."[41]

일단 취업을 하고 나면 다시 창업의 길로 들어서기 어려우니, 처음부터 창업을 하기로 결정하는 게 좋다는 조언이었다. 취업을 '잘못해서 절벽에서 뛰어내리는 경우'라고 빗댄 김정주의 말이 사뭇 흥미롭다. 일반적으로 사람들은 취업이 창업보다 안전한 길이라고 생각한다. 사실 그게 보편적으로 통하는 생각이기도 하다. 하지만 김정주는 취업에도 취업 나름의 리스크가 분명히 있다고 말한다. 이러한 관점은 창업을 고민하는 청중들을 대상으로 한 창업토크에서 한 말에서도 잘 드러난다.

"회사를 가면 안정적이고 편안한 길 좋은 길이라고 생각한다. 반면에 창업은 이상한 길, 위험한 길, 망하는 길이라고 생각한다. 하지만 그렇지 않다. 좋은 회사 다니는 친구들에게 정말 행복하고 편한지 물어봐라. 절대 그렇지 않다. 어디나 문제는 있다. 동료문제, 조직문제 등. 특히 큰 회사에서 일할 때는 자기 결정권이 축소될 수밖에 없다. 바꿔보려고 해도 뜻을 펴기 쉽지 않다. 근데 회사라는 것은 다른 무엇보다 내 결정으로 뭔가 할 수 있는 일이 있다. 이것이 굉장히 사람을 행복하게 한다. 해보고 싶은 일, 내가 옳다고 생각하는 일을 할 수 있다."[42]

그가 봤을 때 창업이나 취업이나 각각의 위험 요소가 존재하는 선택이었다. 창업은 의사결정의 과정뿐만 아니라 실패했을 때 뒤따르는 책임과 결과도 스스로 온전히 짊어져야 한다는 커다란 리스크가 있다. 하지만 취업을 선택했을 때도 나와 잘 맞지 않는 사람들과 일하거나, 또는 내 의지와 상관없는 일을 하면서 스트레스에 시달리는 사례도 엄연히 존재한다. 그 형태만 다를 뿐 어떤 선택이든 대가가 있기 마련이다. 어떤 대가가 더 클지는 각자가 판단해야 하는 몫이다. 현실이 그렇다면 이왕 좀 더 자유롭게 결정하고 결과를 스스로 책임질 수 있는 사업에 도전해 보는 것이 좀 더 행복한 일이 아니겠는가, 그것이 김정주의 생각이었다. 세

상에 완전무결한 선택은 없으며 반드시 일정 부분 이상의 '도전'
을 필요로 한다. 그리고 기꺼이 도전하는 사람만이 진정으로 행복
한 삶을 누리는 특권을 얻는다.

MVP부터 시작하라

처음부터 실패하겠다는 마음으로 도전하는 사람은 세상에 없다.
흔히들 "실패를 두려워하지 마라."라는 말을 많이 하지만 실패가
두렵지 않은 사람이 세상에 정말 있을까? 어려운 도전을 눈앞에
두고 있거나 일생일대의 위기가 왔을 때 누구나 실패가 두렵기 마
련이다. 실패가 전혀 두렵지 않다고 말하는 사람이 있다면 아마
감정을 느끼지 못하는 사람이거나, 두려운 감정을 애써 드러내지
않고 있을 뿐이다. 진짜 문제는 두려움 그 자체가 아니라, 그 두려
움을 어떻게 받아들일 것인가에 달려 있다. 실패를 부정의 대상
이 아닌 긍정의 대상으로 바꿔야 한다. '긍정'은 현실을 있는 그대
로 받아들이는 자세다. 실패의 가능성을 있는 그대로 받아들이고,
두렵지만 용기를 내어 과감하게 한 발 내디뎌 보는 것이다. 눈앞의
이익만 보고 도박하는 게 아닌, 기회를 노려 정말 필요한 순간에
과감하게 선택하는 것. 그것이야말로 진정한 도전이라 할 수 있다.

제품 개발부터 출시에 이르는 과정 중에 MVP라는 용어가 있

다. 'Minimum Viable Product'의 줄임말인 이 말은, 최소한의 핵심 기능만을 탑재한 프로그램 혹은 제품을 의미한다. 있으면 좋을 것 같은 기능을 처음부터 다 넣지 않고, 핵심 아이디어만 제품에 반영 후 시범 출시하여 시장성이 있는지 확인해 보는 것이다. 일례로, 카카오톡에 유저끼리 선물하거나 게임을 즐기는 기능이 처음부터 있었던 것은 아니다. 카카오톡 초기에는 핵심인 메신저 기능만 있었고, 그 앱의 효용성을 검증받아 이용자들을 확보한 이후에 부가 기능들이 추가되었다. 만약 이용자들을 어느 정도 확보하지도 못한 상태에서 이런저런 기능을 넣었다면, 그 사업은 성상궤도에 오르기도 전에 과도한 비용 부담으로 인해 실패하게 될 가능성이 높다. 이처럼 최소 기능을 구현한 MVP같이 소규모로 시작하는 이유는 창업자가 대담하지 못하거나, 실패를 두려워하는 겁쟁이이기 때문이 아니다. 제품의 성공 가능성을 조금이라도 더 높이기 위한 합리적인 선택이다.

넥슨의 첫 번째 게임 〈바람의 나라〉 출시 과정도 마찬가지였다. 〈바람의 나라〉는 1996년 4월에 상용화되었지만 여러 부분에서 부족했다. 출시한 당시에는 텅 빈 건물에 캐릭터가 돌아다니는 수준이었고, 캐릭터의 직업이나 마법, 맵 같은 개념은 전혀 없었다. 접속한 유저가 있다는 것이 신기할 정도였다.* 운영자가 식사하러 나간 사이에 게임 속 플레이어가 사냥할 수 있는 몬스터가 다 소진되면, 사무실로 돌아와 게임 안에 몬스터를 다시 풀어줘야 했다.[43] 지금과 비교하면 한참 부족한 게임이었지만, 최초의 그래픽 온라인 게임이 등장했다는 소식에 호기심을 갖고 게임에 접속해서 즐기는 유저들이 있었다. 그들의 의견을 경청하고 피드백을 반영하며 숱한 문제점들을 해결해 나갔고, 그렇게 게임의 완성도를 조금씩 높인 끝에 〈바람의 나라〉는 마침내 큰 성공을 거둘 수 있었다. 〈바람의 나라〉는 세계에서 가장 오래 서비스되고 있는 온라인게임으로 기네스북에 올랐으며, 현재까지도 꾸준한 패치를 통해 방대한 규모의 맵과 콘텐츠를 자랑한다. 비록 처음 만들어진 MVP게임은 게임이라 하기에 민망한 수준이었지만, 그런 시작과 도전이 없었다면 지금의 넥슨도 결코 없었을 것이다.

인생에서 도전해야 하는 순간에도 마찬가지다. "실패를 두려워 마라."라는 말만 되뇌며 리스크가 큰 일을 아무 준비 없이 무작정 시도하는 것은 무척 위험하다. 처음에는 작은 것부터 시도해 보는 것이 좋다. 스스로 실패를 감당할 수 있는 리스크의 범위를 파악하고, 시행하는 범위를 조금씩 확장해 나가는 것이다. MVP 과정은 제품 출시를 앞둔 스타트업뿐만 아니라 우리 인생에도 반드시 필요하다. 그래야 계속 도전할 수 있는 동력을 잃지 않는다. 당장의 실패에 굴하지 않고 꾸준히 앞으로 나아갈 힘을 얻는다.

때로는 승부사처럼

도전은 처음 한 번으로 그치지 않는다. 우리 인생은 마치 액션 RPG게임 같아서 1차 스테이지를 겨우 클리어했나 싶으면 다시 2차 스테이지가 펼쳐지고, 2차 도전을 끝내면 곧바로 3차가 시작된다. 그렇게 언제 등장할지도 알 수 없는 끝판왕을 깨기까지 끊임없이 도전하는 것이 우리 인생이다. 더구나 1차 보스보다 2차 보스가, 2차 보스보다 3차 보스가 더 강력하다. 우리가 마주해야 할 도전은 길수록 더 치열하고 어려워지면 어려워졌지, 결코 쉬워지진 않는다. 갈수록 더 어렵고 힘든 도전에 직면하게 되는 것이다. 그때는 승부사처럼 좀 더 과감하고 용감한 선택이 필요할 때도 있다.

김정주는 〈바람의 나라〉 개발이라는 도전을 성공적으로 완수하고 넥슨을 대한민국 최고의 게임사로 만들었지만 그의 도전은 그것으로 끝이 아니었다. 엔씨소프트를 비롯해 쟁쟁한 게임사들과의 경쟁은 점점 더 치열해졌고, 〈바람의 나라〉는 점차 낡은 게임이 되어 가고 있었다. 특히 넥슨 출신이었던 이승찬이 독립해 나가서 만든 게임 〈메이플스토리〉를 보고 김정주는 위기감을 느꼈다. 이에 김정주는 결단을 내린다. 당시 넥슨이 가지고 있던 현금을 전부 투자하여 〈메이플스토리〉 게임사 위젯을 400억 원에 인수한 것이다.[*]

과감한 인수합병을 통해 위기를 돌파한 김정주의 승부사 기질은 5년 후에 또 한 번 발휘되었다. 이번에는 〈던전앤파이터〉를 개발한 허민의 네오플 인수에 나섰다. 이 게임을 본 김정주는 〈메이플스토리〉를 처음 봤을 때 느꼈던 불안감이 또 한 번 엄습해 오는 것을 느낀다. 마땅히 넥슨이 개발했어야 할 게임이라 생각했다. 그는 3,200억 원이 넘는 대출까지 불사하며 3,852억 원에 네오플과 〈던전앤파이터〉를 인수한다.* 다소 무리한 선택처럼 보이기도 했지만, 이것은 머지않아 신의 한수였음이 드러난다. 2007년까지 넥슨과 엔씨소프트 연간 매출액은 3,000억 원 규모로 비슷한 수준이었지만 2008년 〈던전앤파이터〉 인수를 계기로 차이가 벌어지기 시작했다. 〈던전앤파이터〉가 중국에서 승승장구하면서 해외 매출이 폭증하며 국내 매출을 넘어섰고, 마침내 넥슨이 국내 게임사 최초로 매출 1조 원을 넘기는데 일등 공신이 된 것이다.

김정주의 과감한 결단과 성공을 바라보며 언제부턴가 세간에서는 그를 '승부사'라 칭하기 시작했다. 그런 빅딜을 하는 것에 대해 두렵지는 않았냐는 물음에 그는 이렇게 답했다.

"두려워요, 늘. 그런데 제가 깡통 차는 건 전혀 두렵지 않아요, 원래 맨몸으로 태어났는데 돌아간다 해도 뭐 어때요. 뭐, 언론에 나오는 것처럼, 김택진 사장을 만나서 전격적으로 합의, 이런 건 절대 없어요. 10년 동안 매일 만나는 거예요. 술 사 주기도 하고,

싸우기도 하고, 안 만나기도 하고, 놀기도 하면서. 결과는 하늘이 주면 하는 거예요."*

"회사가 이 정도 구조가 되면 더이상 내부 개발에만, 이렇게 불확실한 것에만 의존한 채 안 되면 쪽박 차고 그럴 순 없어요. 그래도 내부 개발은 꾸준히 하죠. 저희가 전 세계적으로 개발자가 제일 많은 회사예요. 계속 노력하고 있어요."*

김정주도 분명히 두려움을 느끼는 사람이었다. 그럼에도 반드시 할 일이라는 결심이 서면, 그것을 선택하고 주저하지 않았다. 다만 그는 불확실한 것에 의존해 선택하는 사람이 아니었다. 갑작스럽고 충동적인 감정에 휩싸여 섣부른 판단을 내리는 사람도 아니었다. 단 한 번의 선택을 위해 10년 동안 공을 들이기도 하는, 때를 기다릴 줄 아는 승부사였다.

<퀴즈퀴즈>가 인기를 끌었던 이유

한국 최초의 온라인 퀴즈게임 <퀴즈퀴즈>가 큰 인기를 끌었던 이유는 무엇일까? 각자 자신만의 아바타를 내세워 온라인 공간에서 퀴즈 대결을 벌인다는 색다른 매력 때문이었다. 그 당시는 지금처럼 네이버나 구글을 통해 원하는 정보를 쉽게 찾을 수 있던 때가 아니었다. 사람들이 퀴즈의 정답을 모른 채 말 그대로 퀴즈 푸는 것을 즐겼기 때문에, <퀴즈퀴즈>는 재미가 있었던 것이다. 그러나 한때 최고의 인기를 끌었던 이 게임은 결국 서비스를 종료하며 역사 속으로 사라지고 말았다. 그 결정적인 계기는 퀴즈를 자동으로 풀어주는 매크로 프로그램의 등장이었다. 게임을 정당하지 않은 방법으로 이득을 취한 사람, 어뷰저Abuser들은 퀴즈를 풀지 않고도 손쉽게 퀴즈 대결에서 이기며 보상을 챙겼다. 결국 다른 유저들은 게임을 그만 두거나 똑같이 매크로를 돌리며 경쟁해야 하는 지경에 이르렀다. 여기에다 퀴즈 족보까지 퍼지고, 퀴즈 업데이트와 정보 갱신이 제때 되지 않으면서 게임의 재미가 크게 퇴색되고 만 것이다.

퀴즈가 재미있고 흥미진진한 이유는 퀴즈의 정답을 아는 사람이 많지 않기 때문이다. 그리고 다른 사람들도 잘 모르는 퀴즈의 정답을 맞추는 과정이 즐겁기 때문이다. 하지만 과정 없이 오로지 정답의 보상만 탐닉한 결과로 매크로 프로그램이 등장했다. 매크로는 <퀴즈퀴즈> 내부 생태계를 교란시켜 게임의 재미를 크게 떨어뜨렸고, 결국 게임 서비스 종료의 주요 원인이 되고 말았다. 우리도 여기서 교훈을 얻어야 하지 않을까? 혹시 퀴즈를 틀리더라도, 내가 생각했던 것이 정답이 아니더라도, 그것이 비록 실패라 불리더라도, 다시 도전하면서 정답을 찾아가는 과정을 통해 좀 더 의미 있게 인생을 살아갈 수 있다는 사실을 말이다.

내일 어떤 일이 일어날지 모두 알고 있다면, 내일을 위해 굳이 오늘을 열심히 살아갈 필요가 없다. 그저 앞으로 일어날 일만 대비하면 될 뿐이다. 내일 어떤 일이 일어날지, 인생이 어떻게 펼쳐질지 그 정답을 모르기에 우리는 오늘 하루도 열심히 살아간다. 그러나 퀴즈 족보를 통해, 매크로 프로그램을 통해 알게 되는 정답에는 그러한 과정이 없다. 정답을 알아가려는 노력 없이, 보상이 주는 달콤한 결과만 추구했을 때 결국 그 끝이 어땠는지 〈퀴즈 퀴즈〉의 사례를 통해 다시 생각해 볼 일이다.

현실에 만족하지 못하고 새로운 이상만 추구하는 것을 파랑새증후군이라 한다. 현실 도피 수단으로 파랑새만을 쫓는 것은 내 인생에 결코 이롭지 않다. 파랑새를 찾는다고 현실의 문제가 해결되지 않기에 애꿎은 시간만 낭비할 가능성이 크다. 다만, 그 파랑새를 찾아가는 과정이 지금보다 좀 더 나은 기회를 잡기 위한 도전이라면 얘기가 다르다. 그저 지금의 현실을 도피하기 위함인가, 아니면 더 나은 미래를 향해 도전하기 위함인가? 도피와 도전은 단 한 글자만 다르지만, 하늘과 땅만큼이나 큰 차이가 있음을 잊지 말아야 한다.

김정주에게서 배우는 메시지

세상의 모든 선택에는 리스크가 존재하며 완벽하게 안전한 선택이란 없다. 그러므로 나의 선택에 따르는 리스크를 스스로 감당하고 책임지는 것이 진정한 선택이다.

PART 3

과정

"아직 성공했다는 생각은 하지
않고, 회사를 만들어 가는 중이라
생각합니다."

_〈2012년 창업희망콘서트: 멘토에게 길을 묻다〉 창업토크 中

"마지막에 꼭 하고 싶은 일은 못 하고
누군가에게 회사를 넘겨줘야 우리도
살고 회사도 산다고. 그땐 좀 건실한
친구에게 잘 주고 가자고."

_ 회고록《플레이》中

실패, 실패, 또 실패

김정주가 엄청난 자산가가 될 수 있던 이유는 창업 이후에 오로지
성공을 거듭했기 때문이라고 여겨지기도 한다. 특히 〈메이플스토
리〉와 〈던전앤파이터〉 인수로 거둔 큰 성공은 그에게 '승부사'라
는 별명을 붙여 주기도 했다. 하지만 그의 사업 과정을 추적해 보
면 사실 성공 사례 못지않게 실패 사례도 많았다. 오히려 성공보
다 실패가 더 많아 보이기까지 할 정도다.

2010년에는 〈거상〉, 〈군주〉, 〈아틀란티카〉 등 많은 명작 게임
을 개발했던 개발사 엔도어즈를 2,000억 원에 이르는 가격으로 인
수했지만, 인수 이후 새롭게 내놓은 게임들은 모조리 흥행에 실패
했다. 365억 엔(당시 한화가치 5,230억 원)에 이르는 투자금으로 2012
년 인수했던 일본 모바일게임사 글룹스는 막대한 손실만 남긴 채
결국 8년 만에 단돈 1엔에 매각되는 신세로 몰리고 말았다.

넥슨은 대한민국 최고의 게임사 중 하나인 엔씨소프트의 주
식 14.68%를 인수하며 최대주주가 되어 게임 산업계를 놀라게 하
기도 했다. 인수가는 무려 8,045억 원에 원에 이르렀다. 하지만 그
결과는 별로 성공적이지 못했다. 서로의 장점이 어우러진 시너지
효과를 기대해 빅딜이 이루어졌지만, 양사의 개발진이 참여한 〈마
비노기2〉 개발은 지지부진했고 두 회사가 매우 다르다는 사실을

확인하는 데 그쳤다. 시너지는커녕 아무런 진척을 보이지 않자 넥슨은 엔씨소프트의 경영 참여를 선언하기에 이르렀고 이것은 경영권 분쟁으로 비화되고 말았다. 결국 넥슨이 엔씨소프트 지분 전부를 매각하면서 두 회사의 불안했던 동거는 끝난다. 대한민국 최대 게임사의 동맹을 통해 새로운 먹거리를 찾고자 했던 김정주의 꿈도 그렇게 실패로 돌아갔다.

김정주의 실패는 단지 투자에만 국한되지 않았다. 큰 기대 속에서 개발한 내작 게임 〈세라〉를 비롯해 많은 인하우스내부 개발 게임이 실패하는 쓴맛을 봤다. 또 새롭게 개척한 장르의 온라인게임이었던 〈퀴즈퀴즈〉가 흥행 조짐을 보이자 김정주는 기획자이자 개발자였던 이승찬의 반대를 무릅쓰고 유료화를 단행했다. 하지만 면밀한 준비 없이 급하게 유료화를 적용한 결과, 게이머의 70%가 하루아침에 떨어져 나가는 처참한 실패를 맛본다. 부랴부랴 게임 이용료를 대폭 낮췄지만 이미 마음이 돌아선 게이머들은 돌아오지 않았다.* 김정주가 애초에 개발을 반대했던 게임 〈카트라이더〉가 결국 엄청난 성공을 거둔 것도, 그의 생각이 틀렸던 또 하나의 사례다.

넥슨 상장 시기에 대한 이견으로 인해 개발자들이 반발하고 내부적으로 큰 혼란을 겪었을 때, 김정주는 27살의 비개발자 출신 직원을 대표 자리에 앉히기로 결정했다. 김정주가 27살에 창업했던 과거를 복기하며 초심으로 돌아가자는 메시지를 담은 선택이 었지만, 정작 개발자들에게는 정반대로 읽혔다. "돈만 밝히는 개발자들은 나가라."라고 말이다. 결국 1세대 개발자들 상당수가 이탈했고 이때 넥슨의 개발 역량은 치명타를 입는다.* 김정주의 선택은 또 실패하고 말았다.

그럼에도 실패하지 않았다

조금 과장해서 말하면 김정주와 넥슨의 역사는 계속된 실패의 역사였다. 그럼에도 김정주를 실패한 사업가라 여기는 사람은 드물다. 그는 대단히 성공한 사업가로 대중에 인식되고 있으며, 넥슨 또한 대한민국 굴지의 게임사로 성장했다. 거듭된 실패에도 끝내 성공의 길을 갈 수 있었던 원동력은 어디에 있었을까? 그것은 비록 실패의 과정을 겪을지라도, 실패에서 멈추지 않았기 때문이다.

비록 넥슨이 심혈을 기울여 개발한 게임들이 실패의 쓴맛을 보기도 했지만, 이것을 계기로 외부의 좋은 게임에 투자하는 것도 필요한 전략임을 깨닫게 된다. 바로 〈메이플스토리〉와 〈던전앤파이터〉처럼 말이다. 반대로 그러한 투자가 실패한 사례도 있었기에 내부 개발 역량을 기르는 것 또한 결코 포기하지 않았다. 외부 투자와 내부 개발 역량의 균형, 그것이 넥슨의 건실한 성장에 크게 기여한 사실을 부정할 수 없다.

〈퀴즈퀴즈〉의 무리한 유료화 전략은 실패했지만, 넥슨은 이 실패를 계기로 '부분 유료화'라는 새로운 수익모델을 찾는 데 성공한다. 게임은 무료로 즐기도록 하되, 캐릭터를 치장하는 아이템을 원하는 이용자에게 팔기 시작한 것이다. 당시 큰 인기를 끌었던 채팅 서비스 〈세이클럽〉은 온라인 서비스 최초로 아바타를 도입해 캐릭터 꾸미기로 수익을 올리고 있었는데 여기서 아이디어를 얻은 것이었다.* 전면 유료화를 하지 않고도 수익을 거두는 절묘한 균형으로 성공을 거두었고, 이후 게임 업계에서 보편적인 과금 방식이 된다. 〈퀴즈퀴즈〉의 전면 유료화 실패를 그저 실패라고 여기기만 했다면 그런 성과는 결코 있지 않았을 것이다.

초심을 강조하며 선임했던 대표 체제 또한 결과적으로 실패하고 말았지만, 외부에서 경영전문가 데이비드 리를 영입하며 혼란을 수습했다. 이것을 시작으로 김정주는 많은 전문가들을 내부에서 발탁하거나 외부에서 영입하며 넥슨의 경영을 온전히 맡겼다. 명실상부한 전문 경영인 체제가 굳건히 뿌리내린 것이다. 김정주는 창업주인 동시에 최대주주였지만 넥슨은 그의 뜻대로 모든 것이 좌지우지되는 1인 회사가 아니었다. 전문 경영인 체제하에서 임명된 CEO들은 경영에 대한 책임과 권한을 가지고 스스로 의사결정을 했다. 갑작스럽게 들려온 그의 부고 소식에 많은 사람들이 충격을 받았지만, 그럼에도 넥슨이 심각한 혼란 상태에 빠지지 않은 것은 전문 경영인 체제가 자리를 잡았기 때문 아니었을까? 27살 대표의 선임으로 김정주가 초래했던 경영 실험의 실패는, 결국 실패로 끝나지 않은 것이다.*

세상에는 도전하겠다는 의지가 없으면 시작조차 불가능한 경우가 많다. 특히 사업이 그렇다. 그렇다고 도전 자체가 반드시 성공을 보장해 주지도 않고, 오히려 대부분의 도전은 실패로 이어지기 일쑤다. 다만 한 가지 분명한 것은 거듭된 도전과 실패에도 계속 앞으로 나아가고자 하는 용기와 그것을 뒷받침하는 실력만 있다면, 성공은 언젠가 반드시 그 모습을 드러낸다는 사실이다. 세상 모든 성공의 가장 앞자리에는 늘 '도전'이 있었고 그 중간에는 늘 '실패'가 있음을 잊지 말아야 한다. 만약 그런 실패의 과정 없이 성공이 거듭되고 있다면, 오히려 실패로 향하고 있는 것은 아닌지 경계하며 잠시 멈춰서 돌아봐야 한다.

마지막에 꼭 하고 싶은 일은 못하더라도

창업토크에서 한 청중이 김정주에게 질문을 던졌다. "그때는 이렇게 성공할 거라 예상했나요?" 마침 넥슨을 우량 기업으로 키워 내고 일본증시에도 성공적으로 상장한 뒤였다. 더구나 성공한 창업가의 자격으로 초대받아 온 자리였기에 모두가 그를 성공했다고 생각하는 것이 전혀 이상하지 않았다. 하지만 그 질문에 김정주는 이렇게 답한다.

"아직 성공했다는 생각은 하지 않고, 회사를 만들어 가는 중이라 생각합니다."[44]

그것이 다른 사람들의 눈에는 어떻게 보이든 간에, 당장의 결과를 성공이나 실패로 규정하며 일희일비하지 않는 삶의 태도가 엿보인다. 회사를 만들어 나가는 과정, 마침내 성공에 이르는 과정 중의 하나로 여겼을 뿐이다. 그렇다고 성공의 끝을 반드시 자기 눈으로 봐야 한다는 욕심을 갖지도 않았다.

"가까운 사람들이랑 가끔 얘기해요. 마지막에 꼭 하고 싶은 일은 못 하고 누군가에게 회사를 넘겨줘야 우리도 살고 회사도 산다고. 그땐 좀 건실한 친구한테 잘 주고 가자고."[*]

김정주는 모든 것을 자신이 다 해내야만 한다는 욕심을 내려놓았다. 오로지 내가 아니면 절대 안 된다는 자만심과 아집에서 자유로웠다. 그렇게 성공에 집착하거나 실패의 두려움에 휩싸이지 않으면서 계속 도전을 이어 나가는 뚝심과 용기도 있었다. 표현 방식은 좀 다를지라도 다른 스타트업 창업가의 말에서 그와 비슷한 생각을 읽을 수 있었다.

"과거에는 '결과보다 과정이 중요하다'라는 표현을 되게 싫어
했어요. 정신승리라고 생각했어요. 그런데 요즘에는 과정이 더 중
요하다고 생각합니다. 결과는 정해져 있는 거죠.(김태성 케어링 대
표)"[45]

"네가 아무리 열심히 해도 망하는 것이 사업이다. 사업의 성
과에만 매몰되면 스스로 불행하다. 하지만 문제를 해결하는 과정
자체에 충실한다면 사업은 충분히 할 만한 일이다. 네가 실패해도
언제, 누군가 콘텐츠 업계 혁신에 뒤늦게 도전할 것이다. 그때 네
가 쌓아 놓은 토대 위에서 한발 앞서 출발하게 되면 누군가 이 문
제를 해결할 수 있다. (이재웅 다음커뮤니케이션 창업자가 박소령 퍼블리
대표에게 했던 말)"[46]

결과보다 과정 자체에 더 충실하겠다는 자세. 하지만 그 모든
과정의 주인공이 반드시 나 자신일 필요는 없다는 마음. 어쩌면
이것이야말로 성공을 꿈꾸는 사람들이 꼭 가져야 할 기본적인 자
세가 아닐까.

더 큰 꿈을 꾸자

실패를 거듭했던 사람. 하지만 그 실패를 과정으로 여겼던 사람. 이미 충분히 성공했다 자랑해도 될 만한데 아직 성공했다 생각하지 않는다고 늘 말하던 사람. 조선 시대에도 그런 인물이 있었다. 조선 시대 최대 개혁 정책 가운데 하나였던 대동법 시행을 자기 평생의 신념으로 품고 살았던 사람, 김육이다.

김육이 살았던 당시에는 지역 특산물을 바치는 조세 제노였던 공납의 폐단이 심각한 사회 문제로 대두되었다. 그로 인해 백성들이 큰 어려움을 겪고 있음을 깨닫고 그는 특산물 대신 쌀로 조세를 납부하는 대동법이 백성에게 필요한 법이라는 신념을 갖는다. 대동법은 경기도와 강원도 일부 지역에서만 시범 실시되고 있었지만, 김육은 우선 충청도부터 점차 확대 시행해 가겠다는 목표를 추진한다. 하지만 대동법은 토지가 많은 지주에게 불리한 정책이었기 때문에, 양반 지주를 중심으로 거센 반발에 부딪친다. 김육은 굴하지 않고 끊임없이 대동법 시행을 주장하며 임금과 신하들을 설득한다. 그렇게 13년이란 시간을 들이며 애쓴 결과, 마침내 충청도 지역으로 대동법이 확대 시행된다. 평생의 꿈 일부를 이루었다는 기쁨도 잠시, 김육은 호남 지역으로의 확대를 다음 목표로 한다.

하지만 이미 그는 너무 나이가 들었고, 얼마 되지 않아 죽음을 앞두게 된다. 그는 유언이나 마찬가지였던 마지막 상소를 임금에게 올리는데, 임금을 향한 마지막 당부조차 대동법 확대 시행에 관한 것이었다.

"호남의 일에 대해서는 신이 이미 서필원을 추천하여 맡겼는데, 이는 신이 만일 갑자기 죽게 되면 하루아침에 돕는 자가 없어 일이 중도에서 폐지되고 말까 염려되어서입니다. 그가 사은하고 떠날 때 전하께서는 힘쓰도록 격려하여 보내시어 신이 뜻한 대로 마치도록 하소서. 신이 아뢰고 싶은 것은 이뿐만이 아닙니다만, 병이 위급하고 정신이 어지러워 대략 만 분의 일만 들어 말씀드렸습니다. 황송함을 금하지 못하겠습니다."[47]

그가 평생에 걸쳐 대동법 시행을 추진했던 과정은 지주들의 반대로 인해 좌절의 연속이었다. 하지만 그는 그것을 실패로 여기지 않았다. 다시 도전하고, 설득하고, 부딪혀 보면서 마침내 충청도 지역으로의 확대를 끌어냈다. 다음 목표였던 호남 지역으로의 확대는 비록 보지 못했지만, '마지막에 꼭 하고 싶은 일은 못 하고' 세상을 떠나고 말았지만, 괜찮았다. 그에게는 서필원을 비롯해 그의 꿈을 이어받은 사람들이 남아 있었기 때문이다. 그리고 김육과 같은 꿈을 꿨던 이들의 노력으로 대동법은 전라도, 경상도, 황해도를 거쳐 마침내 전국으로 확대된다. 대동법이 처음 시행된 후

100년 만의 일이다.

꿈에는 작은 꿈과 큰 꿈이 있다. 작은 꿈은 내가 잘 되는 것, 내가 출세하는 것, 내가 성공하는 것이다. 물론 이것도 중요하고 인생을 열심히 사는데 훌륭한 동력이 되기도 한다. 하지만 그 꿈의 유효기간은 딱 살아있는 동안이다. 죽으면 소용이 없다. 아무리 잘 되고 크게 성공하더라도, 내가 죽으면 그것으로 내 꿈도 끝난다. 하지만 큰 꿈은 다르다. 그 꿈이 이웃을 위하건, 사회 공동체를 위하건, 더 나아가 인류 전체를 위한 것이 되었건, 나를 넘어선 무언가에 기여하고 싶은 꿈이라면 큰 꿈이다. 비록 큰 꿈은 내가 다 이루지 못하더라도, 그 꿈을 함께 공유하고 공감하는 다른 누군가가 있다면 그들에 의해 계속 이어지게 된다. 설혹 내가 더 이상 세상에 없더라도 말이다.

김정주에게는 넥슨을 디즈니 같은 회사로 만들고 싶다는 꿈이 있었다. 세상 모든 어린이가 부모님과 함께 즐길 수 있는 게임을 만들고 싶었다. 그렇게 가족이 함께 즐거운 추억을 쌓도록 도와주고 건강한 놀이문화 형성에 기여하는 회사를 만들고 싶어했다. 비록 김정주는 그 꿈을 완전히 이루지 못한 채 세상을 떠났지만, 그의 뜻에 공감하는 많은 사람들이 남아 있다. 그들은 오늘도 그 꿈을 이어받아 디즈니 같은 회사를 만들기 위해 달려갈 것이다. 그때까지 얼마나 오랜 시간이 걸리게 될지는 아무도 모르지만, 그 큰 꿈을 이루는 것을 포기하지 않는 사람들이 계속해서 나타나는 한, 반드시 이루어질 것이라 믿는다. 100년이란 시간이 필요했지만, 결국 김육의 꿈이 이루어졌듯이 말이다.

김정주에게서 배우는 메시지

단지 그 결과만으로 실패했다고, 혹은 성공했다고 착각하지 마라. 이제 겨우 또 한 단계를 지나왔을 뿐이다. 인생의 마지막 순간에 이르기 전까지는 성공도, 실패도 없다.

PART 4

절박함

"근본적으로 스마트폰·태블릿용
게임을 잘 만들 수는 없다.
10여 년 전 소니가 했던 고민을
지금 우리가 한다."

_ 〈조선일보〉 인터뷰 中

"제품이 좀 안 팔린다고 해서 그게
위기라기보다는, 정말 친한 친구가
회사를 떠날 때인 것 같아요. 안 팔려서
괴로웠던 적은 없는 것 같습니다."

_ 〈2012년 창업희망콘서트: 멘토에게 길을 묻다〉 창업토크 中

기적을 만드는 힘, '절박함'

창업은 매우 쉽지 않은 도전이다. 매년 무수히 많은 회사가 고객의 선택을 받지 못한 채 조용히 명멸한다. 창업보다 취업을 선택하는 사람들이 더 많은 것은 창업의 길이 그만큼 어렵다는 반증이다. 더구나 풍부한 자금력 없이 아이디어 하나만으로 스타트업을 시작했다면 이 마음이 더욱 간절할 것이다. '절박함'. 사업을 하는 동안 이 절박함은 쉽사리 사라지지 않는다. 투자금을 까먹는 동안에는 훨씬 더 절박하겠지만, 안정적인 매출이 발생하기 시작한 후에도 계속 성장해야 한다는 압박감에 사로잡힌다.

하지만 긍정적인 관점으로 바라본다면 이 절박함이라는 감정은 안정적인 대기업이나 공무원 조직이 주지 못하는 것이다. 스타트업의 생존을 책임지고 직원들에게 월급을 줘야 할 의무가 있는 사장만큼은 아니겠지만, 스타트업을 다니는 직원들의 마음가짐도 절박하기는 마찬가지다. 절박함은 불안정한 마음 상태라고 볼 수 있지만, 감정에 매몰되지 않고 잘 활용한다면 성공을 갈망하는 강력한 지렛대로 작용하는 경우도 있다. 사람은 약간의 긴장 속에 처했을 때 더 열심히 살고자 애쓰기 마련이다. 지금 현재에 안주하는 사람에게 성장은 결코 허락되지 않는다. 회사가 절대 망할리 없다고 희망 회로를 작동시키며 불안감을 덮어버리기보다는 차라리 그 불안감을 수면 위로 드러내고 성장 동력으로 삼는 편이 훨씬 발전적이고 건강하다.

성공한 사업가들이 공통으로 말하는 키워드 중의 하나가 바로 이 절박함임을 기억할 필요가 있다. 네이버가 성공시킨 메신저 플랫폼 라인이 마침내 미국과 일본 동시 상장이라는 쾌거를 이뤘을 때, 이해진 네이버 의장은 기뻐서 울컥했던 심경을 밝힌 적 있었다. 라인의 성공 비결을 묻는 기자의 질문에, 그는 절박함이었다고 한마디로 단언했다. 미국 실리콘밸리의 한국인 유니콘 기업 1호로 유명한 센드버드 창업사 김동신 대표노 실리콘밸리에서 살아남아 성장할 수 있었던 원동력은 바퀴벌레처럼 살아남겠다는 절박함이었다고 토로했다.[48] 카카오톡으로 굴지의 대기업을 일군 김범수 카카오 의장도 "진짜 목숨 걸고 하지 않으면 성공하기 힘들다."라고 말한 바 있다. 그리고 절박한 마음으로 사업에 임했던 또 한 명의 창업가, 김정주가 있다.

그는 늘 절박했다

대학을 졸업하고 안정적인 직장생활을 할 수 있었던 기회를 박차고, KAIST 박사 과정이라는 울타리를 박차고 나와 창업을 선택한 김정주였지만 그 모든 과정이 늘 순탄했던 것은 아니다. 세계 최초의 그래픽 온라인게임이라는 사업 아이템은 분명 획기적이고 미래 성장 가능성이 충분했지만, 그것을 현실화하기까지 수없이 많은 난관이 있었다. 처음 IBM코리아에서 받은 투자금은 반년도 되지 않아 금세 바닥나고 말았다. 김정주는 초조했고 난생처음 입술이 타들어 갔다.* 그때 IBM코리아에서 홈페이지 구축 용역 의뢰가 들어오자 그 제안을 받아들인다. 일단 생존이 시급했던 절박함 때문이었다.

그렇게 시작한 웹에이전시 사업이 안정 궤도에 오르며 캐시카우 역할을 톡톡히 했지만, 또 다른 위기도 있었다. 〈바람의 나라〉를 최초 기획하고 개발을 총괄하던 송재경이 넥슨을 떠난 것이다. 어쩌면 이것은 사업의 근간 자체를 흔드는 좀 더 근본적인 위기였을지 모른다. 이때 김정주는 계약 수주 경쟁을 벌였던 정상원에게 손을 내민다. 형식이나 모양새에 얽매이지 않았던 특유의 자유분방함도 있었겠지만, 어떻게든 개발을 완성해야 한다는 그 절박함이 크게 작용했을 것이다.

넥슨의 웹에이전시 사업이 돈을 벌어들이고 있는 동안, 게임 개발은 여전히 돈 먹는 하마 같은 존재였다. 웹에이전시에서 벌어온 돈은 고스란히 게임 개발 자금으로 들어갔다. 웹에이전시 사업팀의 불만이 커질 수밖에 없었다. 김정주는 선택의 기로에 놓인다. 안정적으로 돈을 벌어다 주는 웹에이전시 사업이냐, 회사 설립 정체성인 게임 사업이냐. 그 질문에 김정주는 '게임 사업'이라고 답한다.* 그는 안정적인 현재와 절박한 미래 사이에서 절박함을 택한다.

넥슨의 초기 성장 과정을 보면 스타트업 회사가 반드시 거쳐야만 하는 데스밸리, 그 죽음의 계곡을 김정주는 어떻게 지나왔는지 들여다볼 수 있다. 절박한 상황에 내몰려야 했을 때 그는 두 가지 면모를 보여줬다. 하나는 이 상황을 어떻게든 헤쳐 나가겠다는 의지였고, 또 하나는 사업하는 이유를 자신에게 물어보는 태도였다. 상력한 의지와 스스로를 돌아볼 줄 아는 마음가짐은 인생의 위기를 극복할 수 있도록 도와주는 훌륭한 무기가 된다.

절박하되, 비관하지 말 것

넥슨이 어느 정도는 '등 따시고 배부른' 상황이 되었을 때도 김정주는 '절박함'이라는 키워드를 늘 기억했다. 더 많은 인재가 자신처럼 창업의 길을 선택하고 성공을 갈망하는 절박한 마음을 갖기를 원했다. 창업을 해 보면 더 많이 깨닫고 그 깨달음이 인생의 자산이 된다는 것이 김정주의 지론이었다. 회사라는 울타리 안에서 일할 때 느끼지 못하는 절박함이 대박을 터뜨리기도 한다는 것을 잘 알고 있었다. 그렇기에 초기 창업가들의 절박함을 응원하며 투자하거나 선물을 보내기도 했다.

"전 창업하면 '넥슨 기증'이라는 딱지가 붙은 냉장고나 TV를 선물해요. PT를 모니터가 아닌 그래도 좀 좋은 TV를 통해 하면 조금이나마 성과가 더 날까 하고요."[49]

절박함은 창업 초기에만 따라다니지 않는다. 시장은 어제의 1위가 오늘 흔적도 없이 사라져도 이상하지 않을 만큼 늘 급변한다. 지금은 안정적인 매출을 기록하고 있더라도 언제 갑자기 시장에서 도태되어 버릴지 알 수 없다. 그래서 사업가는 책임감과 절박한 마음으로 회사의 지속적인 성장을 놓고 끊임없이 고민해야한다. 넥슨이 연일 최고의 실적을 내고 있던 시기에 한 인터뷰에서 "최고의 실적을 내는 상황인데 위기를 생각해 본 적은 있나."라는 기자의 질문에 김정주는 이렇게 답했다.

"매일 두려워 잠이 오지 않는다. 사람들이 PC를 외면하고 스마트폰이나 태블릿에 열광한다. PC 앞에 앉아 있는 시간이 확 줄었다. 아무리 좋은 게임을 만들어도 시대흐름을 거스를 수는 없다. 나와 넥슨 가족이 잘하는 일은 PC 앞에서 인터넷을 이용하는 게임을 만드는 것이다. 근본적으로 스마트폰·태블릿용 게임을 잘 만들 수는 없다. 10여 년 전 소니가 했던 고민을 지금 우리가 한다."[50]

당시 PC 온라인게임 시장에서 넥슨은 명실상부한 최강자였다. 그런데 어느 날 혜성같이 등장한 스마트폰이 전통적인 게임 시장을 세차게 뒤흔들고 있었다. 물론 처음 휴대폰이 세상에 나왔을 때 넥슨은 모바일게임 자회사인 모바일핸즈를 설립하여 새로운 시장을 선점하려는 노력을 기울이기도 했다. 하지만 스마트폰의 등장이라는 훨씬 거대한 변화가 닥쳤을 때는 제대로 대응할 준비가 되어 있지 않았다. 김정주가 토로한 그 두려움과 절박함은 그런 배경에서 나왔다. 위기 탈출 전략을 묻는 기자의 질문에 그는 "일단 버티는 거다. 버티면 살길이 보일 것"라고 답한다. 버티다 죽더라노 어쩔 수 없다는 것이 아니라, 어떻게든 버티며 살아남겠다는 절박한 외침이었다.

위기에 처했거나 미래 전망이 불확실할 때, 어떤 사람은 절박함을 느끼고 어떤 사람은 비관론에 빠진다. 절박함과 비관, 이 둘은 사뭇 비슷해 보이지만 완전히 다른 결과를 가져온다. 절박함은 "그래서 난 지금 뭘 해야 할까?"를 생각하게 만들고, 비관은 "그래서 난 뭘 해도 안되는구나."라고 생각하게 만들기 때문이다. 위기를 슬기롭게 극복하는 사람은 절박하되 비관하지는 않는다. 이순신 장군이 겨우 10여 척의 배를 이끌고 10배 이상의 일본 수군을 크게 무찔렀던 명량대첩은 매우 유명하다. 전투를 앞두고 이길 가망이 없으니 수군을 해체하고 육군에 합류하라는 임금의 명이 떨어졌을 때, 이순신이 장계에서 올렸던 유명한 말이 있다.

"신에게는 아직 12척의 배가 남아 있습니다."

이순신은 매우 절박했지만, 비관하지는 않았다. "일단 버티는 거다. 버티면 살길이 보일 것"이라 했던 김정주의 말 속에도 그러한 절박함이 묻어있었다. 그렇게 몇 년의 시간이 흐른 뒤, 넥슨은 결국 모바일게임에서도 큰 두각을 드러내며, 게임업계 매출 1위 기업의 자리를 지키는 데 성공했다. 인생을 사는 동안 위기는 어떤 형태로든 늘 생기기 마련이고 절박한 상황도 발생하기 마련이다. 그렇기에 어려움이 있을 때마다 '나는 왜 이렇게 불행할까', '나는 왜 이리 복도 없을까'라고 한탄하며 시간만 보내기보다는, 차라리 언제 어떤 어려움이 생기더라도 그것 또한 인생의 일부임을 받아들이고 적극적으로 헤쳐 나가는 편이 좀 더 건설적인 결과를 가져올 때가 많다.

"온라인게임은 끊임없는 개선 작업이 요구되는 분야입니다. 사용자가 어떤 태도로 어떻게 대처할지를 확실하게 예측할 수 없어 지속적으로 오류를 잡아내고 새롭게 구성해야 하기 때문에 제품을 완벽하게 완성했다는 것이 무의미한 것입니다."[51]

김정주의 말대로 온라인게임을 처음부터 완벽하게 완성한다는 것은 불가능에 가깝다. 게임을 운영하는 과정에서 이용자의 요구를 비롯해 해결해야 할 문제가 끊임없이 발생하기 때문이다. 인생도 마찬가지다. 모든 것이 처음부터 완벽할 수 없을뿐더러 늘 예상치 못했던 새로운 문제가 생겨나고, 그것을 해결하면 또 다른 문제가 생긴다. 그때마다 더 나은 게임을 만들고자 계속해서 오류를 잡아내는 온라인게임처럼 인생에서도 지속적으로 문제를 해결하기 위해 노력할 뿐이다. 그 온라인게임이 계속되는 한 문제를 해결하려는 노력을 멈추지 않는 것이 서비스의 일부이듯, 우리 인생도 크게 다르지 않다. 그 자체가 인생을 살아가는 과정이다.

절박함이 진정한 힘을 발휘하려면

개인의 절박한 마음은 그가 원하는 목표 달성에 도움이 되지만, 집단이 한마음으로 공유하는 절박한 마음은 그 집단의 목표 달성에 기여한다. 리더는 자신을 따르는 팔로워에게 안정감을 줘야 하지만, 때로 절박한 마음을 적절히 공유하며 동기를 부여할 수도 있어야 한다. 절박함이 한 개인의 차원을 넘어, 같은 목표를 가진 집단에 공유될 때 그 위력이 배가되는 사례를 종종 접할 수 있다.

절박한 마음을 표현한 유명한 말이 있다. "필사즉생, 행생즉사 必死則生, 幸生則死", 즉 "반드시 죽으려 하는 자는 살고, 요행히 살고자 하는 자는 죽을 것이다." 이 말은 임진왜란 때 이순신 장군이 병사들을 독려하며 역설했던 명언으로 알려져 있지만, 사실 중국의 병법가이자 장군이었던 오기의 병법서《오자병법》에서 유래한 말이다. 오기도 이순신처럼 전쟁에서 절대 지지 않는 불패의 명장으로 이름을 떨친 인물이었다. 특히 오기는 자신을 따르는 병사들과 생사고락을 함께하는 리더십을 펼쳤다. 그는 전쟁터에서 신분이 가장 낮은 병사들과 같은 옷을 입고 같은 밥을 먹었다. 잠잘 때도 자신을 위한 자리를 깔지 못하게 하고, 행군할 때도 말이나 수레를 타지 않고 병사들과 함께 걸었다. 자신이 먹을 식량은 병사를 시키지 않고 직접 가지고 다녔다. 한 번은 종기가 난 병사가 있었는데, 오기가 그 병사의 고름을 직접 빨아주었다고 한다. 그 소식을 들은 병사의 어머니가 소리내어 울었다. 어떤 사람이 우는 까닭을 묻자 이렇게 답한다.

"예전에 오공吳公,오기께서 우리 아이 아버지의 종기를 빨아 준 적이 있는데 그 사람은 자기 몸을 돌보지 않고 용감히 싸우다가 적진에서 죽고 말았습니다. 오공이 지금 또 제 자식의 종기를 빨아주었으니 이 아이도 어느 때 어디서 죽게 될지 모릅니다."

이처럼 진심을 다해 병사들의 마음을 얻는 리더십을 보여주었던 오기와 달리, 현실의 많은 리더들은 절박한 상황에 맞닥뜨렸을 때 초조해진 나머지 팔로워에게 성과를 다그치는 모습을 보인다. 하지만 오로지 그들의 희생만을 강요한다면, 리더의 절박함은 결코 아래로 전파되지 않는다. 억지로 따르는 시늉은 할지 몰라도 그들의 마음을 살 수 없는 데다가 불평만 사게 될 것이다. 모두의 마음을 하나로 모아 공동의 목표를 향해 달려가는 '원 팀'은 더더욱 이룰 수 없을 것이다. 하지만 오기는 달랐다. 그는 자신이 먼저 병사와 함께 같은 옷을 입고 같은 밥을 먹으며 자신의 절박한 심정을 병사들에게 있는 그대로 보여줬다. 리더가 먼저 자신의 권리를 내려놓으며 이 위기를 함께 돌파하자고 호소하자 병사들이 이에 호응했다. 이후 그가 이끄는 병사들은 엄청난 전투력을 가진 정예병이 되어 전쟁에 나설 때마다 이기는 집단이 되었다. 리더의 절박함이 그 집단에 성공적으로 공유되어 큰 힘을 발휘하게 된 것이다.

오기는 자신의 권위를 내려놓는 수평적인 리더십을 통해 전쟁에 임하는 두려움을 용기로 전환하고, 절박함을 동기부여할 수 있는 기회로 바꾸었다. 절박한 위기의 순간일수록 리더가 팔로워들과 같은 눈높이에서 소통하는 수평적 리더십은 놀라운 힘을 발휘한다. 김정주 또한 수평적 리더십에 탁월한 사람이었다. 그는 비서나 수행원 없이 직접 운전하며 출장을 다녔고 직원들은 그의 이니셜에서 따 그를 'J 아저씨' 혹은 'JJ'라고 스스럼없이 불렀다. 대기업 수장이라면 으레 있을 만한 화려한 집무실도 없이 회사 근처 맥도날드에서 직원들과 소통하기를 즐겨 했던 김정주의 수평적 리더십이 결국 직원들에게도 긍정적인 자극을 주어 넥슨의 성장에 크게 기여했음을 부정할 수 없다. 탈권위를 통해 권위를 세울 줄 아는 리더가 이끄는 조직. 리더의 절박함이 조직원들에게도 전파되고 공유되는 조직. 그래서 조직원들이 한마음으로 그들의 미래를 함께 고민하며 자유롭게 의견을 나누는 조직. 그런 조직이라면, 반드시 성공하게 되어있다.

김정주에게서 배우는 메시지

사업을 하든 인생을 살아가든 늘 절박한 위기의 순간을 마주치기 마련이다. 이때 중요한 점은 절박하되 비관하지 않는 것이다. 그 절박함을 공유하고 기꺼이 함께 짊어지려는 사람들이 주위에 있다면, 그 조직은 반드시 성공할 수밖에 없다.

PART 5

초심

"지금도 '그때 왜 그랬을까'
후회하는 게 한두 가지가 아니다.
남들과 다를 게 하나도 없다.
그런데도 내가 꼭 성공한 사람일까."

_〈매일경제신문〉 인터뷰 中

"우리가 넥슨을 창업했던
27살 시절처럼
회사를 되돌리고 싶습니다."

_회고록 《플레이》 中

그런데도 내가 꼭 성공한 사람일까?

김정주의 인터뷰 기사를 읽다 보면 종종 눈에 띄는 표현이 있다. "건방지게 들릴지 모르겠지만….."라는 말이다. 그는 자신의 의견을 말할 때 마치 습관처럼 이 표현을 말머리에 갖다 붙이고는 했다. 게임 불모지였던 한국에서 온라인게임이라는 시장을 개척해 굴지의 게임사를 일궈내고 나서도, 게임 종주국 일본 증권 시장에 상장하며 글로벌 게임사의 위상을 갖추었을 때도, 수조 원에 달한다는 자산 가치 평가를 받게 된 이후에도, 김정주는 변함없이 조심스럽게 행동하고 말했다. 어떤 사람이 큰 성공을 거두면 그를 선망하는 이들이 있지만, 색안경을 끼고 바라보는 이들도 있기 마련이다. 김정주도 사업적으로 큰 성공을 거둔 이후 이런저런 오해에 시달렸다. 말을 할 때마다 진의와 다르게 메시지가 전달되어 상처를 받기도 했다. 세상은 그가 회사를 키우며 살아온 과정보다 부자가 되었다는 결과에만 시선을 집중했고, 이 또한 그에게는 적지 않은 부담이었다. 그래서였을까. 그는 스스로를 대단한 성공을 이룬 사람이라 말하지 않았다. 김정주의 성공 방식이 무엇이냐는 기자의 질문에 그는 이렇게 답했다.

"성공이라는 게 뭔가. 성공은 주관적이다. 말하기 힘든 주제다. 난 체질상 인생을 계획적으로 사는 사람이 아니다. 사업이 계획대로 되는 것도 아니다. 매 순간 열심히 살았고, 때마침 운이 터져 나름대로 성과를 냈다. 하지만 나 역시 지금 이 순간, 성공하기도 하고 또 실패하기도 한다. 투자를 결정해 손실이 난 경우도 많다. 지금도 '그때 왜 그랬을까' 후회하는 게 한두 가지가 아니다. 남들과 다를 게 하나도 없다. 그런데도 내가 꼭 성공한 사람일까."[52]

물론 김정주 스스로 정말 성공하지 않았다고 여겨서 그렇게 말한 것인지, 사실 속으로는 성공했다고 생각하면서 겉으로만 겸손하게 말한 것인지, 김정주의 속을 들여다본 것이 아닌 이상 알 수 없는 노릇이다. 다만 그가 성공의 단맛에 취해 으스대며 과시하길 좋아했던 사람이 아니었던 것만은 분명해 보인다. 아마 언론 앞에 나서지 않아 '은둔의 경영자'라는 별명이 붙은 것도 그 영향이었으리라. 세상에는 그보다 훨씬 작은 성공으로도 여기저기 자랑하고 싶어 안달이 난 사람들도 많다. 하지만 김정주는 달랐다. 이것은 아마도 그가 늘 초심을 기억하고자 애쓰는 사람이었기 때문일 것이다.

'반구십리半九十里'라는 사자성어가 있다. 《전국책》의 〈진책秦策〉에 나오는 말로 100리를 가려는 사람이 구십 리에 이르러서도 겨우 반 정도 왔다고 여긴다는 뜻이다. 이미 90%를 이루었음에도 여전히 50%밖에 이루지 않았다 생각해 일이 끝날 때까지 긴장을 잃지 않고 최선을 다하는 마음이다. 이와 반대되는 뜻의 사자성어를 꼽으라면 '작심삼일作心三日'을 들 수 있다. 보통은 의지가 약한 사람을 꼬집는 말로 통용되지만, 처음 가졌던 초심을 금세 잃는다는 뜻으로도 해석할 수 있다. 결국 일의 성패는 반구십리냐 작심삼일이냐, 초심을 잘 유지하느냐 그렇지 못하느냐에 달렸다. "아직 성공했다고 생각하지 않는다"라고 그가 했던 말처럼 김정주는 작심삼일하지 않고, 반구십리를 마음에 새기는 사업가였다. 스스로 성공했다고 여기지 않았던 그 초심이, 역설적으로 그를 성공의 길로 이끌었다.

초심을 잃지 않으려면

초심이라는 단어는 '初처음 초'라는 한자에서 유래했다. 初는 '衤옷 의'와 '刀칼 도'가 결합한 한자다. 옷을 만들 때 가장 먼저 천을 칼이나 가위로 잘라야 하기에 '처음'이라는 뜻이 유래했다. 일단 옷을 만들기 위해 잘라버린 천은 다시 사용하기 애매하다. 천을 아예 못 쓰게 되거나, 다른 해진 옷을 덧대는 용도로 사용할 뿐이다. 만약 쓸 수 있는 천이 하나뿐이라면 어떨까? 실수가 없도록 좀 더 집중해서 천을 자를 것이다. 이것이 바로 초심이다. 그래서 초심은 절박함과도 연관이 있다. 여분의 천이 많고 여유로운 상태라면 그런 초심은 생겨나기 어렵다. 실패하더라도 버리고 새 천으로 다시 만들기 시작하면 그만일 테니까. 처음에는 초심을 갖고 절박한 마음으로 임하던 사람도, 어느 정도 성공을 거두면서 여유가 생기면 그 마음이 점점 사라진다. '개구리 올챙이 적 기억 못 한다'라는 말이 있지만, 사실 올챙이가 자라면 자연스럽게 개구리가 되는 것만큼이나 자연스러운 현상이다.

이처럼 초심은 가만히 내버려 두면 사라지는 속성이 있다. 성공한 사람은 성취감에 젖어서, 실패한 사람은 또 실패할 것이 두려워서 초심을 잊는다. 그렇다면 어떻게 해야 할까? 사라지는 기억을 붙잡기 위해 메모하는 습관을 기르듯, 약해지는 근육을 단련하기 위해 운동을 하듯, 초심도 그렇게 유지 보수해 주는 노력이 필요하다. 김정주는 늘 초심을 잊지 않기 위해 노력했다. 넥슨 창업 10주년 즈음 27살의 사원을 대표로 임명하는 파격을 보이며 이렇게 말했다.

"우리가 넥슨을 창업했던 27살 시절처럼 회사를 되돌리고 싶습니다."*

넥슨이 판교 신사옥을 지으면서 조성한 200석 규모의 다목적홀 이름은 '1994홀'이다.[53] 넥슨의 창립연도에서 따온 이 이름 역시 초심을 잊지 않겠다는 의지에서 비롯됐음은 말할 것도 없다. 창업자 김정주가 늘 초심을 강조하니, 그 '초심 DNA'는 넥슨의 경영진에게도 그대로 이어질 수밖에 없었다. 2014년에 있었던 NDC에서 직접 사회자로 나선 김정주는 당시 넥슨코리아 박지원 대표

에게 어쩌면 당황스러울 수 있는 질문을 던진다.[54]

"2003년이면 넥슨의 황금기죠. 메이플스토리, 카트라이더, 마비노기 등…. 그런데 그 이후 10년간 별 타이틀은 없는 것 같아요? 지원씨는 어떻게 생각해요?"

넥슨 사업의 최고 책임자인 김정주가 마치 외부평론가인 마냥 질문을 던졌지만 그 속에는 김정주 스스로의 반성과 더불어 경영진을 향한 주문이 담겨 있었다. 그 10년간 넥슨이 하향길을 걸었거나 몰락했던 것은 결코 아니었다. 오히려 놀라운 성장을 이루었고 일본 증권 시장에도 성공적으로 안착하는 성과도 있었다. 그럼에도 그 성장은 인수합병과 기존 히트작들의 매출 극대화에 기인한 것일 뿐, 정작 '게임 개발사'라는 정체성에 어울리는 성장이 아니었다는 매섭고 근본적인 질문이었다. 넥슨이 처음 〈바람의 나라〉를 개발할 때의 초심을 갖고 게임 개발에 몰두하고 있는지 묻는 자기반성이었다.

이후 넥슨은 여러 조직으로 분산된 게임 개발 부문을 라이브본부와 신규개발본부로 재편하고, 신규개발본부 산하에 자유로운 분위기의 인큐베이션실을 신설한다. 기존 인기 게임 라이브 서비스에 기울었던 무게 중심을 가져와 실패를 어느 정도 용인해 주고 새로운 실험을 하도록 분위기를 일신하는데 목표를 두었다. 초심으로 돌아가 신규 게임 개발 역량을 강화하겠다는 선언이었다.[55] 그로부터 2년 뒤 넥슨은 게임박람회 지스타 2016에서 무려 35종의 신작 게임을 공개했다. 자체 개발 신작은 18종, 퍼블리싱 신작은 17종이었다. 박지원 대표는 이렇게 말했다.

"초창기 넥슨처럼 재미있는 게임을 끊임없이 내놓는 것이 우리의 길이다. 초심을 되찾자는 의미로 이번 지스타에서 참가 이후 가장 많은 게임을 선보일 것이다."[56]

넥슨이 내놓은 해답은 역시 '초심'이었다. 물론 결과적으로 이때 선보인 게임이 모두 성공하지는 않았다. 하지만 넥슨의 존재 목적, 이 일을 시작한 계기, 그리고 지금 해야 할 일은 무엇인지 계속해서 물어보고 대답하는 초심으로 새로운 길을 모색했다는 것 자체가 큰 성과라 할 수 있었다. 앞으로도 초심은 넥슨에게 있어 중요한 화두가 될 것으로 보인다. 넥슨이 2022년 지스타에 참가하며 내놓은 일성도 바로 초심이었다.

"넥슨의 지스타 2022 슬로건인 '귀환'은 초심을 담은 표현이다. (…) 글로벌을 정조준한 신작부터 넥슨의 명작이 다른 플랫폼으로 귀환해 새로워진 모습을 확인할 수 있다."[57]

초심을 공유하고 전파하라

넥슨 창업 초창기에 캐시 카우였던 웹에이전시 사업 대신 미래가 불확실한 게임 사업을 추진했던 것은 김정주의 초심을 잘 보여주는 대표적인 사례다. 주변의 우려와 반대가 있었음에도 자신의 뜻을 굽히지 않을 만큼 김정주에게는 명확한 비전이 있었고, 그 비전을 굳건히 뒷받침한 것은 초심이었다. 김정주가 넥슨을 시작한 이유는 아직 세상에 없던 온라인게임이라는 새로운 산업에서 가능성을 보았기 때문이었다. 또 그들이 만든 게임을 통해 세상 사람들에게 재미와 즐거움을 주고 싶었기 때문이었다. 회사의 생존을 위해 웹에이전시 사업에 뛰어들기는 했지만 그 사업은 김정주의 사업 의지를 강하게 불태울 만한 일도, 애당초 그가 하고 싶었던 일도 아니었다. 돈은 될지라도 딱히 하고 싶지 않은 일보다는, 돈은 안되더라도 정말 하고 싶은 일을 했다. 당면한 현실 앞에서 초심을 잃지 않았고, 자신과 함께 하는 동료들에게도 자신이 추구하는 명확한 비전을 보여준 것이다.

스타트업 회사의 창업자는 조직 구성원들에게 비전을 제시해 자발적인 동참을 유도하는 능력이 필요하다. 한마디로 모든 구성원이 하나의 비전을 공유하는 원 팀으로 만드는 능력이다. 아무리 그럴싸한 구호나 좋은 글귀를 가져와도, 창업자의 강력한 의지와 믿음이 녹아있지 않은 비전에는 생명력도, 호소력도 없다. 특히 스타트업 구성원들은 대기업에 비해 상대적으로 업력이 짧고 경험도 부족하다. 그런 그들의 마음을 하나로 모아 앞으로 달려가게 하려면 가슴 벅찬 비전이 반드시 필요하다. 스타트업은 혁신적인 기술과 아이디어를 통해 세상을 좀 더 나은 방향으로 바꿔보겠다는 도전 정신에 그 정체성이 있다. 비록 완벽하게 갖춰진 것도 없고 온갖 어려움이 존재하지만 그래도 한번 도전해 보겠다는 강한 의지는, 변화에 동참해 보고자 하는 꿈과 더불어 마침내 그 꿈을 이루었을 때 오는 큰 성취감에서 비롯된다. 일단 그런 분위기가 조직 안에 형성되기 시작하면 그 조직은 매우 강력한 힘과 동기부여를 얻는다. 당장 성과가 없더라도 미래 가치가 명확하다면 앞으로 달려갈 용기를 얻는다. 이 같은 비전에 대한 믿음을 리더가 굳건히 가지고 있어야 하고, 그 초심을 절대 놓지 않아야 한다. 그래야 그와 함께 하는 동료들과 팀원들도 그를 믿고 따른다.

김정주의 사업은 혼자만의 사업이 아니었다. 그와 함께 하는 동료들이 있었기에 가능한 사업이었다. 그들은 "세상에 없던 게임을 만들겠다."라는 비전을 김정주와 함께 공유했고, 김정주가 그 비전에 대한 초심을 잃지 않음으로써 더 큰 정당성과 설득력을 얻었다. 그렇게 마침내 세상에 나온 〈바람의 나라〉는 큰 성공을 거두었고 넥슨은 많은 스타트업이 건너지 못한 '죽음의 골짜기'도 무사히 건널 수 있었다. 이것은 김정주의 옆에서 같은 비전을 바라보며 함께 어려운 시기를 이겨낸 좋은 동료들이 있었기에 가능한 일이었다. 이처럼 초심을 동료들과 함께 공유하는 데 성공할 수만 있다면, 엄청난 시너지 효과가 생긴다. 김정주가 그토록 초심을 강조하고 더 나아가 집착하는 듯한 모습까지 보여준 이유는, 그만큼 초심 DNA를 자신의 동료들과도 공유하고 싶었기 때문일 것이다.

'네포지토리' 전시를 하는 이유

넥슨이 아시아 최초로 개관한 넥슨 컴퓨터박물관에는 '네포지토리'라는 이름의 독특한 전시가 있다. '넥슨'Nexon과 '리포지토리'Repository, 저장소의 합성어에서 유래된 이 전시는 넥슨이 도중에 개발을 중단했던 미완성 게임과 그 개발과정을 남긴 기록을 공개한다. 〈페리아연대기〉, 〈드래곤하운드〉 등 많은 기대와 관심을 받았지만 결국 출시되지 못했던 게임이 그 주인공이다. 이 전시 기획에 대해 박물관 관계자는 이렇게 설명했다.

"국내외 게임 업계에서 유례가 없었던 이 전시는, 신작을 출시하기 위한 개발자들의 치열한 노력과 다양한 시도를 기록하고 조명하기 위해 기획했다. 출시되지 못한 게임들이 실패작이 아니라 응당히 거쳐야 할 창작 과정의 일부이자 다양성을 위한 노력으로 존중받기를 바라며 전시를 준비했다."[58]

초심을 기억하고자 하는 사람은 지난날에도 관심을 둔다. 이 때 중요한 것은 성공했던 과거뿐만 아니라 결과가 좋지 않았던 과거까지도 함께 관심을 가져야 한다는 사실이다. 그 모든 과거가 지금을 있게 한 과정이기 때문이다. 좀 더 나았던 선택과 하지 말아야 했던 선택을 같이 기억한다면 앞으로의 선택에 있어 좋은 참고 사항이 될 수 있다. 이를 토대로 좀 더 나은 미래로 나아갈 수 있다. 이것이 우리가 역사를 배우는 이유이자 동시에 초심을 잃지 말아야 할 이유이기도 하다.

우리 인생 한 켠에도 '네포지토리' 전시가 필요하다. 그동안 나는 어떤 노력과 다양한 시도를 치열하게 해왔는가? 그런 노력에도 불구하고 결국 해내지 못한 것은 무엇인가? 그것을 실패로 여길 뿐인가, 아니면 인생을 살아가면서 응당 거쳐야 할 일부이자 과정이라 여기는가? 그리고 그 과정을 통해 어떤 교훈을 얻었는가? 그런 질문을 스스로에게 계속 던질 줄 아는 마음, 그것이 바로 초심이다. 이것만은 기억하자. 초심을 잃었다는 것은 처음 계획이 틀어졌음을 뜻하는 것이 아니라, 내가 이 길에 처음 들어섰던 이유를 상실했다는 뜻이다.

김정주에게서 배우는 메시지

유난스러울 만큼, 집착이다 싶을 만큼 초심을 간직하고 기억하라. 초심
은 나침반과 지도 같아서, 그것을 잃어버리는 순간 인생의 중요한 갈림
길에서 헤매게 될 것이다.

IV

가치 있게 살았던 사람

PART 1

재미

"사람들이 와서 즐겁게 옛날도
생각하고, 옛날에 가지고 놀았던
오락도 하고 게임도 하고,
모든 사람에게 즐거운 공간이
되었으면 합니다."

_ 넥슨 컴퓨터박물관 개관 축하 메시지 中

"누가 나한테 어떻게 지금까지
버텼느냐 그러면, 늘 부담은 크지만
일에서 재미를 찾으려고 노력한다고
말해요. 그중 가장 큰 게 함께하는
사람들이죠."

_ 회고록 《플레이》 中

게임을 하는 이유는 재미다

2022 카타르 월드컵 조별예선 마지막 경기에서 대한민국은 포르투갈을 상대로 역전골을 넣으며 극적인 16강전 진출에 성공했다. 예선 탈락의 위기에서 우승 후보로 꼽히던 강팀을 이겼으니, 선수들이 느낀 그 기쁨은 얼마나 컸을까. 축구를 즐기는 가장 큰 이유는 바로 여기 있다. 정정당당한 승부를 펼쳐 승리했을 때 얻는 기쁨과 성취감은 매우 짜릿하고 재미있다. 바로 이런 '재미' 때문에 많은 사람이 축구에 열광하며 울고 웃는다. 이것이 축구를 비롯한 모든 게임이 가진 본질이다. 게임은 일단 재미가 있어야 한다.

온라인게임 또한 크게 다르지 않다. 사용자들은 게임이 재미있다면 현실에서는 아무 쓸모 없는 가상의 아이템을 사기 위해 많은 돈을 쓰는 것도 마다하지 않는다. 게임이 재미없다면 해야 할 이유가 없다. 결국 잘 되는 게임은 재미있는 게임이다. 그렇기에 김정주 또한 게임의 본질은 재미에 있다는 사실을 종종 강조했다.

"게임의 핵심 요소는 재미다. 신기한 것이 있어야 한다."[59]
"내가 생각하는 최고의 게임은 '땀이 나는 게임'이다. 손에 땀이 날 정도로 재미있는 게임이 유저들에게 최고의 즐거움을 선사할 수 있는 게임이며, 개인적으로도 그런 땀 나는 게임이 좋다."[60]

김정주는 늘 새롭고 재미있는 게임을 만들고 싶었다. 하지만 그에게 재미란 단지 사업 대상이었던 온라인게임에만 국한된 것은 아니었다. 그는 자신이 하는 일 자체가 재미있기를 바랐고, 함께 일하는 사람들도 재미있게 일하기를 원했다. 일하는 과정에서 얻는 성과와 재미는 결코 떼려야 뗄 수 없는 관계임을 그는 잘 알고 있었다.

일에도 재미가 있어야 한다

축구 경기에 그토록 많은 이들이 열광하는 이유는 무엇일까? 우선 축구 경기 자체가 재미있기 때문이다. 멋진 개인기로 드리블하고 패스도 주고받으며 상대의 수비를 피해 마침내 골을 넣었을 때 그 짜릿함은 큰 즐거움을 준다. 게다가 축구 경기는 승부를 가리는 게임이다. 특히 일본 대표팀과의 경기처럼 어떤 상징까지 더해지면 선수와 관중들은 더욱 몰입하게 되고, 그 순간 승리했을 때 주는 성취감은 말로 표현하기 어렵다.

일에서 느끼는 재미도 축구 경기와 매우 유사한 점이 있다. 축구광인 사람이 있는 반면 축구에 관심은 커녕 오프사이드가 뭔지도 잘 모르는 사람도 있다. 이처럼 제각각 좋아하는 스포츠가 다르듯이, 사람마다 재미와 흥미를 느끼는 일도 다르다. 어떤 사람은 김정주처럼 사업이 체질이지만 어떤 사람은 공무원이 적성에 맞듯이 말이다. 자신이 좋아하는 일을 찾게 된다면, 그 일에서 재미를 느낄 가능성이 매우 높다. 그런 일을 빨리 찾은 사람은 대단한 행운아지만, 세상에는 그렇지 못한 사람들이 훨씬 많다. 지금 하는 일이 재미없거나 아직 그런 일을 찾지 못했다면, 조금씩 새로운 경험을 시도해 보면서 내가 재미를 느낄 수 있는 일이 무엇일지 찾아보는 것도 좋은 방법이다.

"캐주얼게임으로 100원을 120원으로 불리는 건 재미없다. 단돈 10원을 벌더라도 다른 것을 하는 게 내 성격이다. 세상을 뒤집어 놓을 만한 게임을 고민하고 있다."[61]

늘 새로운 재미를 찾아다녔던 김정주는 사무실에만 머물러 있지 않았다. 오늘은 유럽, 내일은 미국으로 향하며 1년의 절반 이상을 해외 출장으로 보내는 것도 다반사였다. 한동안 미국 동부의 원룸에 거주하면서 작은 사무실에 출근하며 자기 책상도 없이 일하기도 했다.[62] 새로운 경험을 위한 시도는 사업이라는 활동 무대 안에만 갇혀 있지 않았다. 직접 음악회 무대에 올라 어릴 때 재능을 보였던 바이올린을 연주하는가 하면, '독'이라는 대학로 연극단원으로 활동하기도 했다. 불혹의 나이에 한국예술종합학교에 입학해 어린 학생들과 연극을 배우며 5년을 보내고 뉴욕 코미디 스쿨로 유학을 떠난 것도 마찬가지다.[63] 기존의 관점으로는 괴짜처럼 보이는 행보였지만, 김정주가 세상을 더 넓게 바라보며 일하는 재미를 얻는 데 분명히 기여했을 것이다. 그는 하고 싶은 일을 하는 자유분방한 경험이 더 많은 창의성을 끌어내 주리라 믿었다.

"게임은 재미를 주는 콘텐츠이고 그것을 만드는 사람들도 게임에 몰입해 즐겁게 만들어야 한다."[64]

김정주는 자신이 이끄는 넥슨의 직원들도 다양한 경험을 즐기며 몰입하는 가운데 창의성을 발휘해 주길 원했다. 직무와 상관없는 새로운 문화를 접하는 것에도 지원을 아끼지 않았다. 일에 대한 새로운 재미를 찾는데 도움이 되길 바랐기 때문이다. 새로운 시도를 장려하는 넥슨의 기업 분위기는 심지어 직원들이 넥슨에서 독립해 회사를 차리는 것을 응원하고, 힘들 때는 다시 인수하는 문화로도 이어졌다.[65] 회사를 떠나는 것을 배신이라 여기거나 한길만을 가라고 강요하지 않는 독특한 문화가 형성된 배경에는 '성공을 부르는 것은 열린 문화'라는 김정주의 철학이 있었다.[66] 고정된 틀 안에서 같은 일만 반복하면 처음에는 무척 흥미롭던 일조차 그 재미를 반감시키기 마련이다. 새로운 시도와 경험이 재미로 이어지며 일에 즐겁게 몰입할 수 있도록 도와준다.

몰입으로 이끄는 힘, 재미

손에 땀이 날 만큼 재미있는 게임은 자연스럽게 몰입하게 된다. 게임에 몰입할수록 집중력을 발휘해 더 큰 성취감을 얻게 될 가능성도 높다. 반면 재미없는 게임은 몰입하기 어렵다. 아무런 즐거움이나 성취감도 느끼지 못한 채 그야말로 시간만 버리게 될 가능성이 매우 높다. 결국 재미는 게임의 결과에도 지대한 영향을 미치게 된다. 포르투갈과의 축구 경기 중 분위기가 포르투갈 팀으로 넘어가기 시작하자, 방송 해설위원이 했던 말이 인상적이었다.

"지금 새로 들어온 선수들한테 경기할 때 이렇게 흥미로움과 재미를 주게 되면 우리는 어려워져요. 상대가 재미없게끔 만들어 줘야 돼요."

재미를 잃어버렸을 때 결과가 좋지 못하게 되는 경우는 단지 축구에만 국한되지 않을 것이다. 재미있게 일해 본 경험은 그 일의 성과에도 매우 큰 영향을 미친다. 특히 최근 사회생활을 갓 시작한 요즘 세대는 일하면서 얻는 즐거움과 경험을 굉장히 중요시한다. 일한 만큼의 보상을 받는 것도 당연히 중요하지만 그 보상이 오로지 돈을 뜻하지만은 않는다. 이 일을 함으로써 내가 얼마나 즐겁게 일하면서 좋은 경험을 얻을 수 있는가, 어떤 경력을 쌓고 얼마나 성장을 이룰 수 있을 것인가가 매우 중요한 요소다. 내가 '왜' 이 일을 하는지, 이 일을 통해 얻을 수 있는 것이 무엇인지 확신이 들고 재미를 느끼면 일에 더욱 몰입하지만, 그것을 느끼지 못하면 일에 몰입하기 무척 어렵다. "까라면 까."라는 말이 더 이상 통용되기 어려운 요즘 세상에서 몰입의 차이에 따라 결과물도 크게 달라질 수밖에 없다. 성과의 핵심은 결국 재미에 달려 있다. 성과를 내지 못하는 직원의 실력을 따지는 것도 필요하겠지만, 그가 재미있게 몰입할 수 있는 일과 역할을 부여했는지 살펴보는 것도 중요하다.

오락실에서 즐기던 게임을 온라인게임으로 구현한 〈크레이지아케이드비엔비〉는 초기 넥슨의 조직문화와 당시 분위기가 그대로 녹아든 게임이다. 오락실에서 하던 게임을 온라인으로 옮겨와 새롭게 개발한다는 사실에 신난 넥슨 직원들은 너나 할 것 없이 베타테스터 역할을 자처했다. 이런저런 아이디어가 쏟아지면서 물 폭탄 아이템이 만들어지고 얼음땡 기능도 들어갔다. 직원들은 게임 속 캐릭터가 물 풍선을 터트리고 얼음땡하는 모습을 보며 깔깔거리며 웃었다. 이렇게 만들어져 세상에 나온 〈크레이지아케이드비엔비〉는 서비스 2주 만에 동시 접속자 수 1만 명을 돌파하며 폭발적인 반응을 얻는 데 성공한다.*

재미가 있으면 몰입으로 이어지고, 몰입은 성공으로 이어진다. "머리 좋은 자는 노력하는 자를 이길 수 없고 노력하는 자는 즐기는 자를 이길 수 없다."라는 유명한 말도 같은 맥락에서 나온 말이다. 뛰어난 성과를 만드는 방법으로 재미있게 일하는 것보다 더 훌륭한 방법은 없다.

가장 큰 재미는 함께 하는 사람들이죠

축구가 재미있는 또 다른 이유는 팀 플레이가 승부의 향방을 가르는 매우 중요한 변수이기 때문이다. 공격수부터 골키퍼에 이르기까지, 어느 한 사람만 특출나게 잘해서는 경기에서 이기기 쉽지 않다. 한 선수의 독보적인 개인기보다, 선수 간의 호흡이 얼마나 잘 맞는지가 더 중요한 운동이 바로 축구다. 포르투갈과의 역전골 장면을 기억하는가? 손흥민 선수가 엄청나게 빠른 드리블을 선보이며 자신의 개인기를 마음껏 뽐냈지만, 손흥민 선수의 패스를 받은 황희찬 선수가 골로 마무리하며 승부를 결정지었다. 결국 골을 넣을 수 있었던 것은 두 선수의 환상적인 호흡 덕분이었다. 팀 플레이가 극적인 역전승을 만들어냈고, 선수들은 너 나 할 것 없이 함께 얼싸안고 기쁨을 함께 누렸다. 그것은 어느 선수 개인의 승리가 아닌, 대한민국 팀의 승리였기 때문이다.

일도 마찬가지다. 아무리 괴롭고 재미없는 일을 하더라도 좋은 동료와 함께 일한다면 괴로움이 조금은 상쇄될 수 있다. 일이 힘들 때 동료가 건네주는 따뜻한 말 한마디가 큰 힘과 용기를 불어 넣어주기도 한다. 무엇보다 팀 동료들과 힘을 합해 어려운 프로젝트를 성공시켰을 때의 그 성취감은 이루 말할 수 없이 크다. 김정주에게도 사업은 만만하고 쉬운 일은 아니었다. 하지만 그를 버틸 수 있도록 도와준 것은 다름 아닌 그와 함께 했던 좋은 사람들이었다.

"누가 나한테 어떻게 지금까지 버텼느냐 그러면, 늘 부담은 크지만 일에서 재미를 찾으려고 노력한다고 말해요. 그중 가장 큰 게 함께하는 사람들이죠. 좋은 사람 있으면 일단 차에 태우고 물어봐요. 어디 좀 같이 가겠냐고."*

"무엇보다 넥슨은 창업 이래 많은 사람들의 인생과 함께해 온 회사예요. 여러 사람들이 모여서 하고 싶은 일을 하면 인생이 즐거워질 수 있다는 걸 보여준 그런 회사. 고생하고 괴롭고 실패할 수도 있지만 여러 명이 안 싸우고 버티면 좋은 회사 비슷한 걸 만들 수도 있고 돈도 벌 수 있다는 걸 보여준 회사. (…) 결국 혼자 할 수 있는 일은 없는 거죠. 아무것도."*

일은 돈을 벌기 위한 수단이지만, 좋은 사람을 얻기 위한 수단이기도 하다. 힘든 시간을 함께 버텨낸 동료들은 일터뿐만 아니라 내 삶에서도 힘이 되는 좋은 관계로 남을 수 있다. 수십 년을 일하고도 마음 터놓고 얘기 나눌 동료 한 명 없다면 무척 불행한 일이다. 김정주는 사업을 통해 돈보다 사람을 얻는 재미를 잘 아는 사람이었다. 특히 사업가라면 그런 김정주의 자세를 더욱 눈여겨 볼 필요가 있다. 그는 사업이란 돈을 얻기에 앞서 우선 사람을 얻어야 하는 것임을 보여주었다.

재미있는 게임을 하자

최선을 다해 몰입한 경기는 비록 지더라도 재미있다. 한국 대표팀은 카타르 월드컵 16강전에서 브라질에게 큰 점수 차로 지고 말았다. 하지만 선수들은 어떠한 후회도 남기지 않을 만큼 투혼을 발휘하며 게임을 진심으로 즐겼다. 축구 팬들 사이에서도 환희와 탄식이 교차하는 가운데 경기를 함께 즐기며 선수들에게 박수와 환호를 보냈다. 승패에만 집착하며 패배를 비난했던 일부 사람을 제외하고는 모두가 결과에 상관없이 경기 그 자체를 즐겼다.

정말 재미없는 게임은 지는 게임이 아니라 남들 시선 때문에 하기 싫은 걸 억지로 하는 게임, 최선을 다하지 않고 뛰는 둥 마는 둥 하는 게임, 마음이 안 맞는 동료들과 어쩔 수 없이 해야 하는 게임이다. 질 것이 뻔해 보이는 게임이라도 진심을 다해 즐기는 마음만 있다면 얼마든지 재미있는 게임이 될 수 있음을 잊지 말아야 한다. 김정주와 그의 동료들이 사업이 망할지도 모른다는 걱정보다 게임을 만드는 것 자체가 재미있어서 즐겁게 일했던 것처럼 말이다. 그렇게 넥슨의 대표 게임 〈바람의 나라〉가 세상에 나오고, 〈마비노기〉가 큰 성공을 거두며 넥슨의 성장을 이끌었다.

"망해도 재미있는 일이라 생각해서 넥슨에 입사하기로 결정했습니다. 어떤 기대를 하지는 않았던 것 같습니다. 그때 넥슨이 서비스하던 게임의 동시 접속자 수는 고작 100명 정도였죠. 돈을 번다는 생각은 하지도 못했습니다."(정상원 전 넥슨 대표, 〈바람의 나라〉 제작자)[67]

어떤 유저는 게임에 몰입하며 몬스터를 무찌르고 좋은 아이템도 얻게 되는 과정 자체를 즐긴다. 어떤 유저는 오로지 승부에서 이기기 위해 많은 돈을 들여서라도 좋은 아이템을 얻는 것에만 집중한다. 결과적으로 후자가 더 좋은 장비를 갖추고 '템빨'로 게임에서 이길 수 있을지는 몰라도, 그것이 정말 게임을 재미있게 즐긴다고 볼 수 있을까. 축구 경기 자체를 즐기기보다 오로지 승패에만 집착하는 모습과 별반 달라 보이지 않는다. 정말 게임을 즐기는 사람은 나를 포장해 줄 아이템에 집착하는 사람이 아니라, 게임 그 자체를 즐기는 사람이다.

내가 하는 게임의 목적은 무엇인가? 또 인생을 살아가는 목적은 어디에 있는가? 남들 앞에서 자랑할만한 좋은 집이나 명함을 갖는 데 있는가, 내 인생 자체를 의미있고 재미있게 살아가는 데 있는가?

"뒤에서 사람을 움직이는 것은 소유가 아니라 욕망이다. 무언가를 소유하고 나면 조금은 실망하게 마련이고 새로운 무언가를 추구하고 싶은 욕망에 다시 불이 붙는다."[68]

《인간 본성의 법칙》이라는 책에 나오는 이 구절을 기억하자. 아무리 그것을 얻었다는 기쁨은 언젠가 사그라들기 마련이다. 진정한 행복은 '소유'가 아니라 무언가를 추구하는 '욕망'에서 나온다. 그리고 그 욕망은 즐거움이란 동기가 더해질 때 비로소 건강하게 유지될 수 있다. 무슨 일이든 내가 재미있는 것을 하면서 사는 게 중요한 이유다. 김정주와 그의 동료들이 게임 만드는 것 자체를 즐겼던 것처럼 말이다.

김정주에게서 배우는 메시지

이왕 하는 일이라면 충분히 재미있는 일을 하라. 그것이 사업이든, 공무원이든, 유튜버든 중요하지 않다. 중요한 것은 남들이 좋다고 여기는 일이 아니라 '내가' 재미있는 일을 하는 것이다.

PART 2 **겸손**

"CEO는 회사에 앉아 있으면서 회사
운영에 필요한 온갖 일을 다 해야 하는
사람인데 저는 그렇지 못하거든요. (…)
조직 관리보다는 좋은 게임을 내놓는
것이 제가 할 일이라고 생각합니다."

_〈연합뉴스〉 인터뷰 中[69]

"어제도 카톡으로 대화했는데,
새로운 것을 고민하고 모험을 하는
범수씨가 멋집니다."

_ 50회 KOG 아카데미 특별강연 후 기자들과의 인터뷰 中

겸손한 부자, 겸손한 대표

김정주의 마지막 소식이 전해지자 많은 사람들이 그의 죽음을 안타까워하며 슬퍼하고 추모했다. 특히 그를 매우 겸손했던 사람으로 기억하는 사람들이 많았다. 한 유명 투자자는 김정주에 대해 항상 친절하고 착한 사람이었고, 자신이 만난 사람 중 가장 겸손한 부자였다며 그를 애도했다.[70] 한 투자사 대표가 취업준비생 시절 김정주와 면접을 보고 겪었던 일화를 전하며 추도한 글도 눈길을 끌었다. 그는 여러 회사에 지원서를 넣었는데 넥슨의 자회사였던 모바일핸즈도 그중 하나였다. 김정주가 대표임을 밝히지는 않았지만 면접 자리에 함께 있었고, 이후 합격 통지를 받았다. 하지만 그는 다른 회사에 취업하기로 결정했고 넥슨에 이메일을 통해 그 사실을 알렸다. 그리고 바로 답장이 왔는데, 그 내용이 의외였다.

"사실 난 처음부터 그 친구 별로 마음에 들지 않았어. 안 오게 된 게 더 잘 된 일인 것 같아."

김정주가 팀장에게 쓴 메일이 지원자에게 잘못 전달된 것이었다. 실수로 잘못 온 메일이니 그냥 모른 척 무시할 수도 있었지만, 23살 젊은 나이에 혈기 넘치던 그는 바로 답장을 썼다.

"입사하지 않기로 한 저의 결정이 맞다는 사실을 확인시켜주

셔서 감사드립니다. 그렇게 생각하시는 줄 모르고 입사했다면 얼마나 힘들었을지 생각만 해도 아찔합니다."

그러자 다시 이메일이 왔다.

"정말 죄송합니다. 저희 직원들에게 보낸다는 게 잘못 갔습니다. 사업을 하다 보면 더 자신감 있게 보여야 하며 더 패기 있게 보여야 하는 경우가 많습니다. 지금도 직원들에게 그렇게 보여야 하는 경우였습니다. IT 업계는 생각보다 매우 좁습니다. 언젠가 다시 뵙게 될 때 좋은 모습으로 뵈었으면 합니다. 죄송합니다."

사실 이렇게까지 사과 받으리라 기대하고 메일을 쓰지는 않았을 것이다. 비록 눈앞에서 한 말은 아니지만 그렇게 자신을 평가했다는 점에 대해 약간의 분풀이를 했고, 김정주 입장에서도 메일을 잘못 보내는 실수를 했으니 적당히 넘어가도 될 법했다. 더구나 대표라는 '갑'의 위치에 심취한 사람이라면 다시 메일을 보내거나 전화해서 무례하다며 화를 낼 수도 있었다. 그럼에도 김정주는 그렇게 하지 않았다. 다시 메일을 보내면서 정식으로 자신의 잘못을 사과했다. 그 후 적지 않은 시간이 흘렀고 당시의 그 지원자 또한 한 회사의 대표가 되었다. 그는 자신의 추모 글을 이렇게 마무리했다.

"이렇게 사과를 받게 될지도 몰랐다. 아무것도 아닌 23살의 지원자에게 진심으로 사과할 수 있는 그 모습을 보며 이분은 나와 다른 큰 사람이라는 것을 자연스레 깨달을 수 있었다. 언젠가 그분을 다시 뵙고 나의 철없음에 용서를 빌게 될 날을 기대해 본다. 리더의 리더십은 권위에서 나오는 것이 아니라 탈권위에서 나온다."[71]

겸손해야 하는 이유

김정주가 보낸 답장의 마지막 말, "IT 업계는 생각보다 매우 좁으니, 언젠가 다시 뵐 때 좋은 모습으로 뵙기를 바란다."라는 그 말이 특히 인상 깊다. 누구나 어릴 때부터 겸손하게 살아야 한다고 가르침을 받으며 자란다. 자신감을 가지라는 말은 하지만, 적어도 교만하고 잘난 척하며 살라고 자식을 교육하는 부모는 없다. 왜 사람은 늘 겸손하게 살아야 하는 걸까? 여러 이유가 있겠지만, 무엇보다도 겸손한 사람 곁에 사람이 모이기 때문이다. 늘 거만한 태도로 남을 자기 발아래 두려는 사람에게는 사람이 모이지 않는다. 그가 가진 권력이나 재력 때문에 잠시 그의 곁에 머물 수는 있겠지만 그 목적을 더 채울 수 없게 되면 바로 떠나고 만다. 애초에 그 사람이 좋아서가 아니라, 그가 가진 것이 좋아서 머물렀기 때문이다.

내 곁에 좋은 사람을 오래 남겨 두고 싶다면 겸손해야 한다. 그래야 사람의 마음을 얻는다. 김정주는 누구보다 좋은 동료를 많이 얻고 싶어 했던 사람이었다. 그는 사람을 얻는 가장 훌륭한 방법이 바로 겸손임을 잘 알고 있었다. 때문에 늘 겸손했다. 잘나가는 게임 회사의 대표로 성공한 이후에도, 세계에서도 손꼽히는 부자가 된 이후에도 그는 늘 겸손한 삶의 자세를 잃지 않았다.

'회자정리 거자필반會者定離 去者必返'이라는 말이 있다. 만남에는 헤어짐이 정해져 있고 떠남이 있으면 반드시 돌아옴이 있다는 뜻이다. 사람의 관계는 늘 시작과 끝이 있다. 그리고 끝이라고 생각했던 인연도 언제 어디서 다시 이어질지 모르는 것이 인생이다. 그렇기에 관계를 시작할 때뿐만 아니라, 관계를 마무리하는 시점에도 최선을 다해야 한다. 떠나는 사람이라 해도 최소한 나에 대한 악감정은 품지 않고 떠나게 만들어야 한다. 내가 떠나야 하는 상황이라도 마찬가지다. 김정주는 아주 잠깐 스치는 인연이었던 입사 지원자에게도 그렇게 대했다. 굳이 답장을 보낼 필요까지는 없었음에도 메일을 보내고 사과의 뜻을 전했다. 언제, 어디서, 어떤 모습으로 그와 다시 인연이 이어질지 알 수 없기 때문이다.

김정주는 자신과 함께했던 사람에 대해 더욱 각별하게 챙겼다. 물론 사업을 하고, 관계를 유지하다 보면 뜻이 맞을 때도 있고 그렇지 않을 때도 있다. 서로 뜻이 맞지 않으면 시간이 흐르고 어쩔 수 없이 각자의 길을 가게 된다. 그렇게 여러 사정으로 떠나게 된 사람이라 해도, 김정주는 최소한 서로에 대해 악감정은 남겨놓지 않으려고 애썼다.

"이승찬이는 나갔다 들어오잖아요. 그럴 때가 행복하죠. 회사를 떠나더라도 원한은 안 갖고 나가게 하고요. 언제든 다시 들어올 수 있게 문을 열어두죠. 또 나가면 뒤에서 냉장고도 보내고 소파도 보내고. 그래도 아직 저한테 응어리가 있는 사람이 있을 거예요."*

사람은 언제 어디서 다시 만나게 될지 아무도 모른다. 다시 만나게 되었을 때 좋은 동료가 되어 있을지, 나를 지독히 미워하는 원수가 되어 있을지는 헤어졌을 때 마무리를 어떻게 했느냐에 달려 있다. 너무나 명백하고 돌이킬 수 없는 잘못을 한 것이 아닌 이상, 늘 겸손한 마음과 태도로 다른 사람을 대해야 하는 이유다. 그리고 한때 넥슨을 떠났던 사람들이 다시 돌아와 넥슨의 성장에 큰 기여를 하는 동료가 된 이유이기도 하다.

겸손은 자존감의 또 다른 표현이다

뉴스에는 하루가 멀다고 갑질하는 사람들의 이야기가 나온다. 대표가 직원에게 갑질하고, 상사가 부하 직원에게 갑질하고, 고객이 매장 직원에게 갑질했다는 이야기가 귀에 못이 박히도록 들려온다. 우리 주변에는 왜 이렇게 갑질하려 드는 사람들이 많은 걸까?

갑질하는 사람들은 주로 권위를 드러내 자신이 남보다 우월하다는 사실을 증명하고 싶어 한다. 우월한 사람으로 인정받으려는 이유는, 알고 보면 열등감에 사로잡혀 있기 때문일 가능성이 매우 높다. 그 열등감을 다른 우월감으로 대체하고 보상받고 싶은 것이다. 그래서 우월감과 열등감은 쌍둥이 감정이다. 같은 마음에서 함께 싹을 틔우고 함께 자라난다. 대표든, 직장 상사든, 고객이든 상관없이 그들이 갑질하는 이유는 모두 동일하다. 다른 누군가에게 느끼고 있는 열등감을 애써 감추고 싶기 때문이다. 그렇기에 갑질하고 싶은 욕구는 곧 스스로 못났다는 사실을 보여주는 간접적인 표현이라는 점을 잊어서는 안된다.

딱히 자신이 우월한 사람이라는 것을 증명할 필요가 없다면 갑질할 이유도 없다. 스스로 아끼고 사랑할 줄 아는 마음이 충분하고 자존감이 높다면 굳이 남과 비교할 필요가 없다. 타인을 괴롭히고 무시하며 우월감과 만족감을 애써 느낄 필요도 없다. 그래서 겸손한 사람은 타인과 자신을 비교하지 않는다. 비교 대상이 있다면 오로지 자기 자신일 뿐이다. 어제의 나와 오늘의 나를 비교하고, 오늘의 나를 미래의 내 모습과 비교한다. 그런 사람만이 계속 앞으로 나아갈 수 있고, 성장할 수 있다.

겸손하고 자존감이 높은 사람에게는 또 하나의 특권이 있다. 남과 자신을 비교하지 않기 때문에 다른 사람들을 함부로 내 경쟁자로 규정짓지 않는다. 어떻게든 그들을 이기고 밟아서 앞으로 나아가야 한다는 집착으로부터 자유롭다. 내가 잘하지 못하는 일을 남들이 잘한다고 해서 시기하고 질투하지도 않는다. 내가 잘할 수 있는 일에 더 집중할 뿐이다. 이 과정에서 그 사람의 진가도 자연스럽게 드러난다. 이러한 삶의 태도는 마음을 훨씬 더 여유롭고 풍요롭게 만들어주기 때문에, 타인의 성공에 대해서도 진심 어린 축하와 격려를 보낸다.

"카카오톡 게임하기가 대박이 나서 참 좋아요. 아무도 그게 성공할지 몰랐잖아요? 어제도 카톡으로 대화했는데, 새로운 것을 고민하고 모험을 하는 범수씨가 멋집니다."[72]

김정주는 게임 분야에서 두각을 드러내는 사업가였지, 카카오톡 같은 메신저까지 잘 만들 수 있는 사업가는 아니었다. 그는 자신이 잘할 수 있는 분야에 더 집중할 뿐, 다른 분야에서 성공한 사람들까지 이겨야 할 대상으로 보지 않았다. 그저 진심으로 응원했을 뿐이다. 서로에게 그런 마음을 가진 사람들이 손을 잡는다면, 그들은 훌륭한 동반자가 되고 함께 성장할 수 있다. 겸손한 사람 곁에 좋은 사람들이 모이는 또 다른 이유다.

굽힐 줄 아는 사람이 성공한다

앞서 언급한 투자사 대표의 취업준비생 시절 일화에서 또 한 가지 확인할 수 있는 점은, 김정주는 굽혀야 할 때 굽힐 줄 아는 사람이었다는 점이다. 그는 자신의 잘못을 있는 그대로 시인하고, 스스로 낮출 줄 아는 사람이었다. 세상에는 그와 달리 자기 잘못임이 명백하더라도 일말의 자존심 때문에 굽힐 줄 모르는 사람이 무척 많다. 되려 목소리 큰 사람이 이긴다는 식으로 적반하장인 사람도 적지 않다. 그런 대처는 쉽게 풀 일도 더 어렵게 꼬이도록 만들기 십상이다. 반대로 겸손한 마음으로 대하면 어려운 일도 쉽게 풀릴 때가 종종 있다. 이것은 누군가가 잘못을 한 경우에만 국한되지 않는다. 사업을 하거나 직장에서 일을 할 때도 동일하게 적용되는 법칙이다.

밥 아이거는 디즈니가 인수합병한 ABC 방송사의 말단 직원부터 출발해서 디즈니의 회장까지 오른 입지전적인 인물이다. 그리고 룬 얼리지는 밥 아이거가 말단 직원일 때 감히 눈조차 마주치기 어려울 만큼 까마득히 높은 지위에 있는 상사였다. 하지만 밥 아이거가 고속 승진을 거듭해 마침내 ABC 방송사의 사장이 되었고, 룬 얼리지는 그의 밑에 있게 되었다. 지위가 역전당한 것이다. 2000년 새해를 맞이해 밥 아이거는 새 밀레니엄 시대를 기념하는 거대한 프로젝트 아이디어를 제안한다. 이때 그 아이디어를 탐탁하지 않게 여기는 한 사람이 있었는데, 룬 얼리지였다. 사실 그의 속내는 아이디어 자체를 반대하는 것이 아니었다. 자신이 아이디어를 내면 받아서 실행하던 옛 부하 직원이 이제는 상사가 되어 아이디어를 제시하고 그것을 따라야 하는 상황 자체가 달갑지 않았다. 이를 눈치챈 밥 아이거는 이렇게 말했다.

"룬, 사람들이 당신 것이라고 생각할 만한 아이디어가 있다면 바로 이걸 거예요. 규모가 크고 대담하니까 말이에요. 실행이 불가능할 수도 있어요. 하지만 당신은 그런 가능성 때문에 시작도 하지 않는 그런 사람은 아니지 않나요?"

그의 말에 룬 얼리지는 아무 말 없이 미소를 짓고 고개를 끄덕였다. 이후 그 누구보다 열정적으로 프로젝트를 진행했고, 엄청난 성과를 거두게 된다.[73] 만약 룬 얼리지의 떨떠름한 반응을 본 밥 아이거가 기분이 상한 나머지 "언제까지 옛날 생각만 할 건가요? 이제는 내가 당신의 상사에요. 그냥 까라면 까야 하는 위치라고요."라고 말했다면 어땠을까? 아마 룬 얼리지 또한 기분이 상해 그 프로젝트에 참여하지 않았거나, 참여하더라도 하는 둥 마는 둥 했을 가능성이 높다. 하지만 이 프로젝트의 성공을 위해 밥 아이거는 그의 도움이 절실히 필요했다. 그랬기에 자신을 굽히는 대신 상대를 한껏 추켜세우기를 주저하지 않았다. 그 순간 중요한 것은 자존심이 아니라, 프로젝트의 성공이었기 때문이다.

성공한 사람에게는 비슷한 공통점이 발견된다. 자신만의 근본적인 가치와 철학은 확고히 지키되, 그것을 실현하기 위한 과정에서 굽혀야 할 때는 굽힐 줄도 알았다는 점이다. 이때 중요한 것은 무엇을 굽혀야 할지, 또한 무엇을 굽히지 않아야 할지를 잘 구분하는 능력이다. 목표를 향한 강한 의지는 굽히지 않되 그것을 이루기 위해 불필요한 요소들, 예컨대 자존심, 고집, 기득권, 과거의 성공 방식 등은 과감히 버릴 줄 알아야 한다. 이것은 오로지 겸손한 사람만이 가질 수 있는 능력이다. 그리고 이 능력은 김정주에게도 있었다.

"사장은 뭐 그냥 씹히는 게 직업인 거예요. 사원들이 잘 씹으면 되는 거예요. 내가 어떻게 다 잘해요. 정답이 없는데."*
"지금도 '그때 왜 그랬을까' 후회하는 게 한두 가지가 아니다. 남들과 다를 게 하나도 없다. 그런데도 내가 꼭 성공한 사람일까."
"넥슨도 그렇게 누군가의 도움으로 지금까지 왔으니까요. 결국 혼자 할 수 있는 일은 없는거죠. 아무것도.**

굽힐 줄 아는 겸손함은 자신의 부족한 점을 깨닫고, 내가 다른 누군가의 도움이 필요하다는 사실을 인정하는 데서 나온다. 모든 게 완벽한 사람이라면, 혹은 스스로 완벽하다고 생각해 아쉬울 게 없는 사람이라면 굳이 타인에게 굽힐 일도, 겸손할 일도 없다. 그런 사람 곁에는 좋은 사람들이 남지 않는다. 하지만 겸손한 사람 곁에는 좋은 사람들이 남는다. 일과 사업을 하면서, 인생을 살면서 돈뿐만이 아니라 사람도 얻고자 한다면, 반드시 기억하고 명심해야 할 일이다.

김정주에게서 배우는 메시지

교만은 오로지 나 자신만 남기지만, 겸손은 자신뿐만 아니라 주위에 좋은 사람들도 함께 남긴다.

PART 3

행운

"온라인 게임이 이길 수밖에 없는
상황이었다. 실력보다는 시대가
우리 쪽으로 흘렀다."

_〈조선비즈〉 인터뷰 中

"저는 이런 건 안 믿어요. 누구 하나만
'뻥' 잘해서 성장이 딱 되는 경우요.
회사뿐만 아니라 세상 모든 면에서
그런 우연은 없어요."

_ 회고록 《플레이》 中

운이 좋았습니다

성공한 사람들에게 성공 비결을 물어보는 인터뷰를 보면, 열에 아홉은 이렇게 답한다. "운이 좋았습니다." 반대로 실패한 사람들에게 그 이유를 물어봤을 때도 역시 대다수는 이렇게 답한다. "운이 별로 안 좋았습니다." 정말 인생은 전적으로 운에 좌우되는 것일까? 만약 그렇다면 열심히 살아갈 이유가 없다. 모든 것이 운에 달려 있고 결과가 정해진 삶이라면 내 힘과 노력으로 아무것도 바꿀 수 없을 텐데 뭐하러 열심히 살겠는가.

김정주의 사업 과정을 돌아봐도 그는 꽤 운이 따르는 사람이었다. 온라인게임이 사업 아이템이 될 수 있겠다는 아이디어를 얻었지만, 그것을 현실화시킬 수 있었던 것은 송재경이라는 천재 개발자가 곁에 있었기 때문이었다. 김정주와 송재경이 KAIST 대학원에 입학해 전산실에서 당시 최첨단 컴퓨터 장비를 마음껏 사용해볼 수 있었던 환경도 큰 행운이었다. 훗날 대한민국 IT 산업을 이끌게 되는 김정주, 송재경, 이해진 등이 같은 KAIST 기숙사에 모여 있었던 것을 단순히 우연이라고만 보기는 어렵다. 때마침 이때 KAIST는 막 대전으로 이전한 직후였기 때문에, 교수들이 서울과 대전을 오가며 출퇴근하던 시절이다. 대학원생들에게 연구 과제는 안 하고 엉뚱한 게임이나 만들고 있다고 잔소리할 사람이 별로 없었다. 이공계 특유의 상하 구조에서 벗어나 기숙사에서 함께

통닭을 뜯으며 잡다한 상상을 할 수 있는 환경에 처했던 것은 분명한 행운이었다.[74]

김정주가 온라인게임 사업을 시작한 이후 망할 위기가 여러 번 있었지만 그때마다 행운의 여신이 손을 내밀었다. 작은 오피스텔 하나 빌릴 정도의 창업 자금과 IBM코리아로부터 받은 투자금이 있었지만 자금이 곧 바닥을 드러내자 찬물 더운물 가리지 않고 기업 홈페이지 구축 사업을 하며 자금을 수혈한다. 그렇게 벌어들인 수익으로 게임 개발에 전력을 쏟았지만 성과는 쉽사리 나타나지 않았다. 힘들게 〈바람의 나라〉를 세상에 내놓은 후에도 이용자는 수십 명에 불과했다. 더구나 인터넷이 보편화되지 않았던 당시에는 유선 전화에 접속하는 천리안 통신을 기반으로 했기 때문에 게임을 즐기려면 매달 수십만 원의 전화비를 감당해야 했다.

그런데 이때 넥슨에 엄청난 변화가 찾아온다. 1997년 IMF 금융위기가 발생하면서 연쇄 부도와 대량 해고가 이어지며 실업자가 크게 늘어났다. 갈 곳을 잃은 실업자들이 PC방을 찾았고, 수요가 늘어나자 또 다른 실업자들이 직접 PC방 창업에 나서면서 공급도 늘었다. 이로 인해 당시 PC방의 수가 폭발적으로 늘어났는데, 이때 마침 PC방에서 즐길 만한 온라인게임으로 〈바람의 나라〉가 있었다.* 서비스 초기 수십 명에 불과했던 〈바람의 나라〉 동시 접속자 수는 1999년에 무려 12만 명을 넘어서고 매출 100억 원에 이르는 대박을 친다. IMF 금융위기가 누군가에게는 피할 수 없는 위기였지만 누군가에게는 새로운 기회로 다가온 것이다. 물론 이즈음에 전 세계적으로 IT 붐이 일어난 것도 중요한 요인이라 할 수 있다. 그랬기에 김정주 또한 자신의 성공 비결에 대해 "운이 좋았다."라고 표현한다.

"시대의 흐름을 탔다. 처음 게임을 만들었을 때 소니·닌텐도 같은 콘솔 업체가 만든 게임을 보며 절망했다. 몇 명이 모여 뚝딱 만든 우리 게임과 수백억 원을 들여 수천 명이 만든 게임은 하늘과 땅 차이였다. 그러나 사람들이 소니 게임기 대신 PC를 붙잡고 인터넷을 했다. 온라인 게임이 이길 수밖에 없는 상황이었다. 실력보다는 시대가 우리 쪽으로 흘렀다."[75]

정말 운이 전부였을까

김정주의 회고를 보면, 넥슨의 성장은 IBM코리아의 투자와 웹에 이전시 사업의 성공, 그리고 IMF 금융위기에 이르기까지 수많은 행운이 이어진 결과로 보인다. 하지만 그 과정을 좀 더 자세히 확대해서 보면 그 행운은 서로 이어져 있지 않았다. 오히려, 마치 떨어져 있는 섬처럼 그 사이에는 커다란 간극이 있었다. 행운이라는 섬 사이에 다리를 놓고 흙으로 메우려는 김정주의 노력이 먼저 있었기에 마침내 그 섬들이 서로 연결될 수 있었던 것이다. IBM코리아가 넥슨에 투자를 결정한 이유는 앞으로 온라인 시대가 열리리라고 전망했고, 넥슨이 그것에 걸맞은 사업을 해 보겠다고 나섰기 때문이었다. 만약 김정주가 그 아이디어를 시도하지 않았다면 투자가 있었을 리 만무하다. 낯선 분야였던 웹에이전시 사업을 성공적으로 수행할 수 있었던 것 또한, 그만한 개발 실력을 갖춘 인재들을 부지런히 확보해 두고 있었던 덕분이다.

동시 접속자 수 12만 명이라는 숫자 또한 하루아침에 만들어지지 않았다. 아무도 가지 않는 길을 앞장섰던 〈바람의 나라〉는 번번이 기술적 난제에 부딪혀야 했다. 동시 접속자 수가 50명이 되었을 때 서버가 과부화되는 문제에 부딪힌다. 겨우 해결하고 나니 254명이 되었을 때, 또 1,024명이 되었을 때 계속 같은 문제가 발생했고, 마침내 1,024라는 벽을 뚫고 나서야 이 문제로부터 완전한 자유를 얻는다. 동시 접속자 수 12만 명 돌파에 이은 매출 100억 원 달성은, 숱한 어려움을 해결하기 위한 엄청난 노력의 결과물이었다. 물론 IMF 금융위기와 세계적인 IT 붐이라는 시대적 배경이 넥슨에 날개를 달아준 것은 부정할 수 없는 사실이지만, 노력이 선행되지 않았다면 그 행운은 결코 김정주의 품에 안기지 않았을 것이다.

우공은 어떻게 산을 옮겼을까

'우공이 산을 옮겼다'라는 뜻의 우공이산愚公移山이라는 고사성어가 있다. 옛날 중국에 거의 90세 가까이 된 우공이란 자가 살았다. 그의 집 앞에는 태형산과 왕옥산이 가로막고 있어 이동이 매우 불편했다. 우공은 가족회의를 거친 끝에 함께 산의 흙을 퍼 나르기로 결정하고 실행에 옮긴다. 이를 본 이웃들이 우공과 그의 가족들을 비웃었다. 커다란 산을 옮기기 위해 광주리에다 흙을 담아 퍼 나르는 것은 누가 봐도 어리석은 행동이었으니 말이다. 이웃 사람이 우공을 비웃으며 "당신은 머지않아 죽을 텐데 어찌 그런 무모한 짓을 합니까?"라고 묻자, 우공이 대답했다.

"내가 죽고 나면 내 아들이, 그리고 손자가 계속할 것이오. 산은 깎여 나가고 더 높아지지 않을 테니 언젠가는 길이 나지 않겠는가?"

우공과 그의 가족들이 포기하지 않고 산을 깎는 모습에 태형산과 왕옥산을 지키던 산신들은 화들짝 놀라 옥황상제에게 도움을 청한다. 우공의 정성에 감동한 옥황상제는 힘센 두 신을 시켜 산을 각각 멀리 옮기도록 한다. 우공은 마침내 산을 옮기는 데 성공한다.

우공이산은 "어떤 일을 꾸준하게 열심히 하면 마침내 큰일을 이룰 수 있다."라는 뜻을 담은 고사성어다. 많은 사람들이 이 이야기에서 산을 옮긴 이가 부지런히 흙을 퍼 나른 우공일거라 생각한다. 하지만 그 유래를 살펴보면 정작 실제로 산을 옮긴 것은 우공이 아니라 옥황상제였다. 우공 입장에서는 엄청난 행운을 거저 얻었던 셈이다. 하지만 옥황상제는 아무 이유 없이 그런 행운을 안겨주지 않았다. 곧 세상을 떠날 우공 자신을 위해서가 아니라 우공의 아들딸과 손주들을 비롯해 계속 이 터에서 살아가게 될 자손들을 위해 산을 옮기겠다는 마음, 더불어 이 일을 할 수 있어서가 아니라 해야 하는 일이기에 시간이 얼마나 걸리든 반드시 해내겠다는 그 의지가 옥황상제의 마음을 움직였다. 그리고 그 의지를 말로만 하지 않고 직접 실행에 옮긴 덕분이었다.

사람의 노력보다 운이 더 중요하다는 의미로 통용되는 '운칠기삼運七技三'이라는 고사성어도 마찬가지다. 성공을 위한 조건 중 운이 7할, 노력이 3할이라면 정말 노력보다 운이 더 중요하다는 게 사실일지도 모른다. 그럼에도 3할의 노력이 없다면 7할의 운은 결코 따라오지 않는다. 3할의 노력에 7할의 운이 더해질 때 비로소 온전한 성공이 만들 수 있다. 그런 의미에서 운칠기삼이 아니라, '기삼'을 먼저 앞에 놓고 '기삼운칠'이라는 표현이 더 정확할 수도 있겠다. 비록 인생에 있어 운이 매우 중요하다 해도, 반드시 노력이 선행된 이후에야 운은 뒤따라 온다. 노력 없이 행운만 바라는 것은 몇 개의 조각을 잃어버려 절대 완성할 수 없는 퍼즐과 같다. 하늘은 스스로 돕는 자를 돕는다.

중요한 것은 본질이다

네오플이 개발한 〈던전앤파이터〉 게임을 인수한 것은 넥슨에 대단한 행운이었다. 3,200억 원이 넘는 대규모 대출까지 불사하며 인수한 이 게임은 중국에서 엄청난 대박을 터뜨렸다. 넥슨은 국내 게임사 최초로 매출 1조 원을 넘겼고, 이후 넥슨은 부동의 선두 자리를 지켰다. 하지만 행운이 늘 아름다운 천사의 얼굴을 띠는 것은 아니다. 빛이 있으면 그 이면에 그림자도 생겨나듯, 행운은 때로 불운의 씨앗이 되기도 한다. 이때 넥슨으로 다시 돌아왔던 정상원도 이 점에 대해 날카롭게 지적했다.

"〈던전앤파이터〉는 넥슨에게 굉장한 행운이자 불운이 됐다. 너무 돈을 잘 벌었고 그 이후의 넥슨은 돈이 될 만한 게임을 따라가던 시기였던 것 같다. 이번에 넥슨에 다시 합류하며 중점을 두고 있는 것은 소재 선택이나 게임을 벤치마킹하기 보다는 재미있게 만드는 것이다."(2014 NDC넥슨 개발자 컨퍼런스 대담 中)

행운은 그 수혜자에게 오로지 축복과 은혜만 허락하지 않는다. 때로는 그 행운을 빌미로 또 다른 과제를 던져 주기도 한다. 게다가 행운은 어떨 때는 독이 든 성배의 모습으로 주어진다. 이 때 당장의 행운이 가져다주는 달콤함에 취해버린 사람은 행운을 얻기 전보다 더 지독한 불운에 시달리며 추락하기도 한다. 약간의 재주와 더불어 시기가 잘 맞아떨어진 덕에 큰 성공을 이루었지만, 성공에 취해 한순간에 몰락한 사람들을 수없이 찾아볼 수 있다. 빠르게 성공을 맛봤다가 자신의 실력을 증명해야 한다는, 혹은 계속 성공을 이어가야 한다는 조급함에 시달린 나머지 무리수를 두다 빠르게 추락하는 경우도 많다. 거액의 로또 당첨 이후 오히려 빈털터리나 범죄자로 전락하고 말았다는 사람들의 이야기를 어렵지 않게 들을 수 있듯이 말이다.

그렇기에 커다란 행운을 얻어 성공한 이후에는 몸가짐과 마음 관리에 더욱 유의해야 한다. 운이 주어질 때, 내가 이 행운을 온전히 누릴 만한 실력을 갖추었는지도 다시 돌아봐야 한다. 실력과 노력을 넘어서는 행운은 독이 든 성배일 뿐, 애초부터 내 것이 아니라는 마음을 가져야 한다. 감당할 수 없을 만한 행운이 왔을 때 그 행운을 그냥 포기하는 것이 아깝다면, 스스로 물어볼 수 있어야 한다. 나는 그 행운을 감당할 수 있을 만한 실력이 있는가? 아직 실력이 부족하다면 어떤 태도로 어떤 노력을 기울여야 하는가? 〈던전앤파이터〉가 여전히 잘나가고, 엄청난 돈을 벌어들이고 있던 시기에 가졌던 '2014 NDC넥슨 개발자 컨퍼런스 대담'에서 김정주는 넥슨의 최고 경영자들에게 이런 질문을 던진다.

"앞으로는 인수합병만 하고 개발은 안 하나?"
"돈 많이 버는 게임이 아니라 좋은 게임을 만들려면 가장 중요한 게 무엇이라 생각하나?"

〈던전앤파이터〉 인수 이후 폭발적인 외형적 성장을 이루었지만 정작 그 기간 동안 넥슨이 개발해서 성공한, 이렇다 할 좋은 게임은 없었음을 꼬집는 통렬한 자기비판이었다. 결국 중요한 것은 본질이다. 원래 하고 싶었던 것과 가장 잘할 수 있는 것은 무엇인지, 그리고 우공이산의 이야기처럼 불가능해 보이더라도 반드시 해야만 할 일은 무엇인지에 대한 근원적인 질문에 본질이 있다. 그 질문에 대해 답할 수 있는 사람만이 행운과 함께 닥쳐오는 과제를 멋지게 극복하고 그 행운을 온전히 누릴 자격이 주어진다. 행운은 아무 대가 없이 거저 주어지는 것도, 누릴 수 있는 것도 아니다.

최고의 행운도, 최고의 불운도 사람에게서 온다

"회사의 위기는 실제로는 다른 곳에서 오는 것 같아요. 제품이 안 팔리는 거는 너무 당연한 일이잖아요. 제품이 좀 안 팔린다고 해서 그게 위기라기보다는, 정말 친한 친구가 회사를 떠날 때. 특히 게임이 안 팔리는 건 너무 당연한 일이라서요, 안 팔려서 괴로웠던 적은 없는 것 같습니다."[76]

2012 창업토크 중, 위기의식을 느끼냐는 질문에 김정주가 대답한 말이다. 그가 늘 일관되게 중요했던 화두는 다름 아닌 '사람'이었다. 그는 회사의 진정한 위기는 제품 판매량이 아니라 친한 친구가 회사를 떠날 때라고 토로했다. 이것은 단지 회사 경영뿐만 아니라, 인생에서도 찬찬히 곱씹어 볼 만하다. 위기는 단지 돈을 잘 벌고 못 버는지 여부에 있지 않다. 나를 격려하고 응원하는 사람, 내 편이 되어 주는 사람, 나를 믿고 지지해 주는 사람이 단 한 사람이라도 곁에 없을 때 인생의 진정한 위기가 시작된다.

최고의 행운도, 최고의 불운도 결국 사람에게서 온다. 그렇기에 좋은 사람을 만나기 위해, 좋은 사람을 곁에 두기 위해 부단히 애를 써야만 한다. 앞서 언급했던 대수의 법칙을 다시 떠올려 보자. 평소에 내가 만나고 어울리는 사람들의 평균이 곧 나를 결정한다. 좋은 사람들을 가까이 두면 나도 좋은 사람이 될 가능성이 높아지고, 악한 사람들을 가까이하면 나도 악해질 가능성이 높아진다. 결국 인생의 행운이 시작될지, 불운이 시작될지 여부도 그에 따라 달라질 수 있다.

좋은 사람을 가까이 두려면 어떤 노력이 필요할까? 그 방법은 단순 명료하다. 내가 먼저 좋은 사람이 되는 것이다. 좋은 사람 곁에는 좋은 사람이 머물기 마련이고 서로 닮아 가기 마련이므로. 내가 좋은 사람이 된다면, 좋은 사람이 내 곁에 머문다. 그리고 좋은 사람이 행운의 시작점이 되어줄 것이다.

김정주에게서 배우는 메시지

행운을 내 것으로 만들고 싶다면, 그 행운을 담을 만한 크기의 그릇을 내 안에 먼저 만들자. 그것은 나의 실력과 노력이 필요한 일이다.

PART 4

균형

"회사가 변하려면 매출이
1/10, 1/100로 줄어야
가능하지 않을까."

_ 넥슨코리아 이정헌 대표와 나눈 대화 中

"개인적으로 게임에 너무 몰입하는 것은
좋지 않다고 생각하고 그런 면에서
우리 게임도 현실과 혼동을 주지
않으려 노력하지요. 하지만 게임만의
탓으로 돌리기보다 사회 전체적으로
바뀌어야 할 것이 많습니다."

_ 〈연합뉴스〉 인터뷰 中

원심력과 구심력의 균형

넥슨코리아 이정헌 대표가 대표 선임 통보를 받은 후 처음 김정주와 독대하는 자리를 가졌다. 대표가 되면 무엇을 하고 싶냐는 김정주의 질문에 장황하게 포부를 나열하며 회사의 변화 방향에 열변을 토했는데, 그 말을 듣던 김정주가 이렇게 응수했다.

"회사가 변하려면 매출이 1/10, 1/100로 줄어야 가능하지 않을까."[77]

사업가는 보통 어떻게 하면 회사를 성장시키며 규모를 더 크게 키울지 늘 고민한다. 그런데 회사를 더 크게 견인하리라 기대하며 발탁한 신임 대표를 향해 매출 10배, 100배의 성장은커녕 매출의 1/10, 1/100을 언급했다는 것이 흥미롭다. 김정주는 왜 그렇게 말했을까? 여기서 "회사가 변하려면"이라는 말을 주목해야 한다. 회사의 지속적인 성장을 위해 오로지 성장 자체에만 매몰될 것이 아니라, 변화와 혁신이 동반되어야 한다. 김정주는 그 변화의 원동력을 주로 초심에서 찾았다. 이정헌 대표도 김정주의 그 발언에 대해 '압박을 내려놓고 원점에서 시작하라'라는 의미로 이해했다고 술회했다.

넥슨 기업사를 정리한 회고록《플레이》에서는 이것을 원심력과 구심력이라는 단어로 정의한다. 바깥으로 성장하려는 원심력과 처음 출발했던 초심으로 돌아가려는 구심력. 넥슨의 성장 비결은 바로 이 원심력과 구심력의 균형을 지켜왔기 때문이라고 정리한다.* 실제로 김정주가 그러한 균형을 매우 중시했다는 사실은 그가 남긴 여러 언행에서도 잘 드러난다.

"갑자기 회사가 성장하게 되면 내부에서 거품이 부글부글거리게 돼요. (…) 또 누르고, 그렇게 끌고 나가야 힘이 있는 회사가 되는 것 같아요."**

회사가 성장하는 과정에서 여러 형태의 거품이 생겨나기 마련이다. 흔히 말하는 대기업병[78]이 거품의 대표적인 예다. 김정주는 이런 현상을 애써 부정하지도, 외면하지도 않았다. 있는 그대로 인정하고 성장과 거품 사이에서, 외형과 내실 사이에서 조심스럽게 균형을 유지하며 앞으로 나아가는 방법을 택했다. "회사가 변하려면 매출이 1/10, 1/100로 줄어드는 것도 감수할 수 있어야 한다."라는 생각은 이런 철학에서 나왔다. 이것을 실현하기 위해 27살의 청년에게 회사 경영을 맡기는 등 다양한 경영 실험을 하고, 일찌감치 경영 전반에서 손을 떼는 모습을 보였다. 넥슨에 일찍부터 전문 경영인 체제가 자리 잡을 수 있었던 것은 그의 균형 감각이 큰 역할을 한 덕분이었다. 김정주가 처음으로 대표 자리를 내주었던 정상원은 이렇게 말했다.

"김정주 창업자가 전문 경영인에게 일을 맡기는 것은 자기와 세상을 바라보는 관점이 다르기 때문입니다. 다른 생각을 인정하고, 그 생각을 마음대로 펼쳐 성공할 수 있는 기반과 재량권을 인정해 주는 것이죠."[79]

원심력과 구심력 사이에서 어느 한쪽에 매몰되지 않고 그 균형을 잘 유지한 결과, 현재의 넥슨은 오너의 통제 없이도 스스로 성장할 수 있는 회사가 되었다. 그리고 국내 게임 업계 1위에 올라선 이후 그 자리를 굳건히 지키고 있다.

진정한 균형은 중용(中庸)이다

김정주가 원심력과 구심력 사이의 균형을 추구한다고 해서, 그것이 기계적 균형을 의미하지는 않았다. 원심력과 구심력이 정확히 절반 있는 상태가 아니라, 때에 따라 원심력과 구심력 중 필요한 것을 집중하는 유연함. 김정주는 그러한 균형을 실천할 줄 아는 인물이었다. 대표적인 사례가 상장 시기에 대한 갈등이었다.

2001년 1월 김정주는 전 직원에게 메일을 보내 당장은 상장할 의사가 없음을 공식화했다. 당시 다른 게임사들이 상장해서 스톡옵션을 받은 임직원들이 돈방석에 오르는 모습을 보며, 넥슨 내부에서도 상장을 요구하는 목소리가 높았다. 그럼에도 김정주는 의지를 굽히지 않았다. 당시 코스닥 시장의 거품이 꺼지는 모습을 지켜본 탓도 있었지만, 투자자들이 경영에 간섭할 수밖에 없는 상장회사 구조는 내실보다 거품만 키우기 쉽다고 생각했기 때문이다.* 이때의 김정주는 구심력에 더 집중해야 할 시기라 판단했다. 하지만 이로부터 10년 뒤인 2011년 12월 14일, 넥슨은 일본 증권시장에 전격적으로 상장한다. 중국 게임회사 텐센트가 〈리그 오브 레전드〉를 개발한 라이엇게임즈를 인수한 것을 계기로, 넥슨도 글로벌 인수합병 시장에서 경쟁력을 갖기 위해서는 세계 시장에서 상장해야 한다는 필요성을 절감했기 때문이다. 일본 증권 시장은 닌텐도 같은 게임 우량주를 다수 보유한 증권 시장답게 게임주에 대해 우호적인 것도 그가 상장한 하나의 요인이었다.* 이때는 원심력을 키우는데 집중했던 시기라 할 수 있다.

그는 원심력과 구심력 사이에서 어정쩡하게 서 있는 균형이 아니라, 원심력과 구심력 중 어느 하나에 집중해야 할 때 집중하는 균형 감각을 보여주었다. 이러한 균형을 아리스토텔레스는 '중용中庸'이라 표현한 바 있다. 그에 따르면 중용은 두 악덕, 즉 지나침에 따른 악덕과 모자람에 따른 악덕 사이의 중간을 의미한다. 지나침을 10이라 하고 모자람을 0이라 했을 때, 정확히 5가 중용이 아니라 어떤 상황에는 0을 취하는 것이, 어떤 때는 10을 취할수 있는 것이 중용이다. 아리스토텔레스는 중용의 상태가 매우 미묘하고 쉽게 규정하기 어려우므로 결국 각자 일상 속에서 그 중용을 찾아가는 것이 중요하다고 보았다. 사실 이것은 매우 어려운 일이다. 결국 0부터 10까지 모두 겪어보면서 때에 따라 맞는 선택이 무엇인지 경험적으로 체득하는 수밖에 없다.

김정주는 누구보다 실패를 많이 겪었던 인물이었다. 동시에 그 실패를 딛고 성공을 이뤄 본 경험도 많았던 인물이었다. 눈앞의 성공과 실패에 일희일비하지 않고 결정적인 순간에 과감하게 선택하기를 주저하지 않았던 승부사적 기질이 그의 실전 감각을 더욱 키워주었다. 어떤 순간에 무슨 선택을 해야 하는지, 그 균형감각을 익히며 더 나아가 중용을 터득해 나갔다. 결국 중요한 것은 실행하겠다는 용기다. 다양한 경험을 온몸으로 터득하는 것에 두려움을 갖지 않는 사람이 중용의 경지에 이를 수 있다. 그리고 한 단계 더 진일보한 삶을 살아간다. 중용은 머리로 익힐 수 있는 개념이 아니다. 오로지 직접 행동하고 온몸으로 체득해야 정답을 찾을 수 있다.

"게임 많이 하지 마십시오. 건강에 해롭습니다."

2011년 청소년의 온라인게임 중독을 막기 위한 심야 게임 규제, 일명 '게임 셧다운제'가 국회를 통과하자 사람들의 시선이 김정주의 입에 쏠렸다. 넥슨이 가장 큰 피해를 보게 될 것으로 예상되는 법안이 통과한 것에 대한 그의 입장을 묻는 질문에, 그는 다소 뜻밖의 발언을 한다.

"게임 많이 하지 마십시오. 건강에 해롭습니다. 실제로 게임을 늦게까지 하면 건강에 좋지 않으니 운동이나 다른 야외활동을 많이 하면 게임을 자연스럽게 줄일 수 있습니다. 게임에 너무 몰입하지 말고 다양한 사회활동을 즐겼으면 좋겠습니다."

게임에 대한 규제가 유독 심하다는 생각은 들지 않느냐는 질문에는 이렇게 답한다.

"게임에 대해 너무 부정적인 생각만 있는 것 같아 우려스럽긴 하다. 게임이 다 그렇게 나쁜 것은 아니다. 게임은 긍정적인 역할도 다양하게 할 수 있다. 또 게임 말고도 아이들에게 나쁜 영향을 미칠 만한 것들이 많다. (사람들이) 너무 게임만 몰아세우는 것 같다. 아이들에게 공부만 강조하지 말고 다양한 활동을 하게 해주면 게임에 대한 지나친 우려도 해소할 수 있을 것 같다."[80]

이 법은 당시에도 시대착오적이라는 비판이 많았고 실제 별다른 효과를 거두지 못한 채 결국 2022년 1월 1일부로 폐지되었다. 실효성이 있는지 의문스러운 법 시행을 두고, 김정주는 가장 직접적인 피해를 보는 기업의 수장으로서 적극적으로 비판의 목소리를 낼 수 있었을 것이다. 하지만 그는 게임을 너무 부정적으로만 보는 시선이 우려스럽다면서도, 오히려 게임을 너무 많이 하지 말라는 발언으로 자신의 입장을 대변했다. 균형을 중요시했던 그의 태도가 여기에서도 엿보이는 듯하다. 그것은 단순히 국회의원들의 눈치를 보며 한 말이 아니라, 그가 일관되게 견지해 온 입장이기도 했다.

"개인적으로 게임에 너무 몰입하는 것은 좋지 않다고 생각하고 그런 면에서 우리 게임도 현실과 혼동을 주지 않으려 노력하지요. 하지만 게임만의 탓으로 돌리기보다 사회 전체적으로 바뀌어야 할 것이 많습니다."[81]

"우리 게임 때문에 문제가 자주 생겨 나도 가슴이 아픕니다. 내가 어떻게 해야 할까를 오히려 묻고 싶습니다."[82]

그러한 김정주의 고민은 그저 고민으로 그치지 않았다. 어린이와 청소년들을 위해 자신이 할 수 있는 일을 찾기 시작했다. 백경학 푸르메재단 상임 이사의 회고에 따르면 2011년 가을 어느 날, 푸르메재단에 기여하고 싶다는 김정주의 전화가 걸려왔다. 이를 계기로 당시 짓고 있던 푸르메재활센터 건립에 10억 원을 기부한다. 이후 어린이재활병원 건립의 필요성을 전해 듣고는, 200억 원을 또다시 흔쾌히 기부했다. 그렇게 전국 30만여 명에 이르는 장애 어린이를 위한 지상 7층, 지하 3층 규모의 푸르메재단 넥슨어린이재활병원이 개원했다. 하지만 김정주의 관심과 도움은 일회성에 그치지 않았다. 이후에도 매년 병원 적자를 메꾸기 위한 운영비를 자비로 보탰고, 코로나19로 운영에 어려움이 닥치자 30억 원의 발전기금을 내기도 했다.

따뜻함과 따뜻함의 균형

김정주의 기부는 그뿐만이 아니었다. 대전-충남권 공공어린이재활병원 건립에 100억 원을 기부했으며 경남권 어린이재활병원을 위한 100억 후원을 약속하기도 했다. 서울대병원과는 국내 최초의 독립형 어린이 완화의료센터 건립을 위한 업무협약을 맺고, 100억 원의 기금을 기부했다. 하지만 김정주가 했던 기부는 여느 보통의 기부와는 다른 면이 있었다. 단순히 일회성 금전 기부에만 그치지 않았다는 점이다. 어린이재활병원이 진행하는 미숙아 조기중재 치료 프로그램을 비롯해 장애아동 보호자 교육 및 심리 치료 지원 사업 등 매년 다양한 프로그램에 지원을 아끼지 않았다. 서울대병원과 함께 짓기로 한 어린이 완화의료센터는 중증 질환으로 인해 24시간 돌봄이 필요한 소아 환자와 가족에게 종합적인 의료 및 돌봄 서비스를 제공하는 시설이다. 아이의 병을 돌보는 것에 그치지 않고 장기 간병으로 부모가 직업을 상실하거나 부부의 불화, 환자의 형제자매의 어려움까지 모두 어루만지겠다는 목표도 함께 세운 것이다. 그뿐만이 아니다. 김정주는 아내, 넥슨 NXC 임직원들과 함께 건립 중이었던 푸르메재활센터를 매주 찾아와 내부 디자인과 인테리어 봉사활동을 펼친 적도 있었다.

'따뜻하다'라는 단어는 두 가지의 뜻이 있다. 하나는 '덥지 않을 정도로 온도가 알맞게 높다'는 뜻, 그리고 또 하나는 '감정, 태도, 분위기 따위가 정답고 포근하다'는 뜻이다. 전자는 내 몸이 따뜻할 때 쓰이고, 후자는 내 마음이 따뜻할 때 쓰인다. 내 몸의 따뜻함을 잘 유지하려면 옷을 입어야 한다. 어느 정도는 물질적인 기반이 필요한 이유다. 하지만 몸이 따뜻한 것 못지않게 따뜻한 마음을 갖는 것도 중요하다. 지지하고 사랑해 주는 가족, 사람들과 함께 서로 온기를 나눌 때 마음의 온도는 올라간다.

김정주의 기부는 물질적인 기부를 통한 '몸의 따뜻함'뿐만 아니라 어린이 환자와 가족들의 삶까지 보살피고 후원하는 '마음의 따뜻함'까지 배려했던 기부였다. 스스로 바쁜 시간을 쪼개어 아내, 임직원들과 봉사활동에 나섰던 것도 마음의 따뜻함까지 전하는 기부를 하고 싶었기 때문은 아니었을까. 늘 균형을 중시했던 삶의 자세는, 그가 했던 기부활동에서도 엿보이는 듯하다.

김정주는 누구보다도 어린이와 청소년을 위한 사회 공헌에

힘쓰고 앞장섰다. 아마 아이들 코 묻은 돈으로 사업한다는 세간의 비난이나, 청소년 게임중독에 대한 책임이 크다는 비판에 대한 부채감도 없지는 않았으리라. 하지만 세상에는 오로지 돈을 버는 것에 혈안이 된 나머지 그런 책임에 대해 전혀 무관심한 사람들도 매우 흔하다. 혹은 자기가 원하는 대로 돈 쓰는 재미에만 푹 빠져 있는 사람들도 있다. 그런 세상에서 김정주는 사업으로 돈을 벌 때뿐만 아니라, 번 돈을 쓸 때에도 나름의 균형을 갖고 살아가고자 애썼던 것이 틀림없다. 김정주는 이제 세상에 없지만, 푸르메재단 넥슨어린이재활병원 한편에 마련된 추모공간에 함께 걸린 이 문구가 말해 주듯, 그가 전하고자 했던 따뜻함은 여전히 우리 사회에 남아 있다.

"평소 아이들에게 우리의 미래가 있다며, 장애 어린이의 꿈을 펼쳐 주고자 했던 김정주 기부자님을 우리는 기억합니다."[83]

김정주에게서 배우는 메시지

열정적이어야 할 때 열정적이고, 냉정해야 할 때 냉정하라. 성장해야 할 때 미치도록 성장을 열망하고, 멈추어야 할 때 주저 말고 멈추어라. 지나침과 모자람 사이에서 어떤 선택을 해야 할지 분명히 알고 있다면, 당신은 매우 지혜로운 사람이다.

PART 5

인내

"학생 때 회사를 하고 뭔가를 할 때
아낌없이 믿어주시고, 지원해 주시고,
잘 도와주셨습니다.
그게 너무 기억에 남습니다."

_ 이광형 제17대 KAIST 총장 취임식 축사 中

"〈카트라이더〉 할 때 그랬어요.
정영석이라는 친구가 계속 게임을
말아먹고 있었거든요. 그러다 터진
거죠. 그럼 이젠 알잖아요.
실패에 일희일비하면 안 된다는 게
회사 안에 각인되는 거죠."

_ 회고록 《플레이》 中

인내는 쓰고 열매는 달다

'인내는 쓰고 열매는 달다'는 유명한 격언이 있다. 나무 위로 탐스럽게 열리는 열매는 아무런 대가 없이 그저 열리지 않는다. 여름의 뜨거운 태양빛을 견디며 광합성을 하고, 세찬 비바람을 맞으며 수분을 머금은 결과 비로소 열매가 열린다. 그 인내의 시간을 제대로 거쳐온 열매일수록 그 맛은 더욱 달다.

흔히 가장 어려운 농사를 자식 농사라고 말한다. 물론 논밭에서 작물을 재배하는 농사도 매우 어려운 일이다. 특히 농부가 통제할 수 없는 가뭄이나 홍수라도 들면 그해 농사는 완전히 망치기 일쑤다. 하지만 자식 농사는 이보다도 더 어렵다. 작물은 거름과 물만 잘 주어도 어느 정도 잘 자라게 할 수 있지만, 자식 농사는 잘 먹이는 것만이 능사가 아니기 때문이다. 아이가 자라며 자아가 성장할수록 부모는 자녀와의 소통에 점점 어려움을 느낀다. 더구나 부모의 말을 잘 듣지 않고 제 목소리를 높이기 시작하면 어떻게 대해야 할지 고민도 커진다. 이때 부모가 가져야 할 가장 중요한 덕목은 바로 '인내'다. 프란치스코 교황은 인내에 대해 이렇게 설명한 바 있다.

"인내를 이룬다는 것은 시간이 필요함을 인정하고 다른 사람들도 그들의 인생을 전개해 나갈 수 있도록 허용한다는 뜻입니다.

237

좋은 부모란 자식이 제대로 성장하도록 방향을 제시해 주지만, 그 후에는 자식이 스스로 본인과 타인의 실패를 통해 배우고 극복해 나갈 수 있도록 방관자적인 자세를 취할 줄 아는 사람입니다."[84]

흔히 아버지를 친부親父, 어머니를 친모親母라 부른다. 왜 아버지와 어머니 앞에 '친親'이라는 한자가 올까. 親을 풀어서 해석해 보면, 서 있는立 나무木를 그저 바라보고 있는 것見이라는 뜻으로 읽힌다, 이래라저래라 끊임없이 간섭하고 내 뜻대로 통제하려 드는 것은 親이 아니다. 진정한 친부, 친모라면 프란체스코 교황의 말처럼 자식이 제대로 성장하도록 방향을 제시해 주되, 스스로 자신의 삶을 헤쳐나갈 수 있도록 수수방관자적인 자세를 취할 수 있어야 한다. 인생을 어떻게 살아야 할지 방향을 제시해 주는 나침반과 지도 역할에 그칠 뿐, 자식의 일거수일투족에 왼쪽으로 갈지 오른쪽으로 갈지 일일이 알려주는 내비게이션이 되어서는 안 된다. 그 길이 빠르고 효율적일지는 몰라도 왜 그 길로 가야 하는지 스스로 판단하는 능력을 빼앗아 버린다. 때로는 아이가 목적지를 못 찾고 헤매는 것이 안타깝더라도 나침반처럼 방향만 보여줄 뿐 결정은 아이의 몫으로 남겨 두어야 한다. 그것이 진정한 부모의 역할이다. 하지만 이것이 말처럼 그리 쉬운 일은 아니다. 이 과정에서 부모는 엄청난 인내심을 갖고 '참을 인忍'자를 하루에도 수십, 수백 번 마음에 새겨야 한다. 그래서 자식 농사는 무척 어렵다. 괜히 인내는 쓰고 열매는 단 것이 아니다.

가장 어려운 인내

농사처럼 사업도 정말 어려운 일이다. 잘 되는가 싶다가도 시장이 급변하면서, 국가 정책이 갑자기 달라지면서, 코로나19 같은 천재지변 때문에 환경이 어떻게 요동치게 될지 아무도 모르는 것이 사업이다. 김정주라 해서 항상 사업이 자신만만하지는 않았다.

"20년 전에도 잘나가던 회사들이 있었지만 지금은 흔적도 없이 사라지는 경우가 많습니다."

"2000년 새 빌딩으로 이사하면서부터 회사에 책상도 두지 않고 밖을 돌았습니다. (회사에서) 내가 경영했다면 중간에 망했을 것 같습니다. 초창기부터 넥슨엔 좋은 사람이 많았고, 그들에게 전권을 줬습니다."

그의 표현대로 시장은 무척 잘나가는 회사들도 하루아침에 사라지고 마는 냉혹한 곳이다. 이런 어려움에 맞서 김정주가 내놓은 해법은 오랫동안 함께 일할 만한 사람을 찾고, 그런 좋은 사람을 찾았다면 그들에게 전권을 내어주는 방식이었다. 어느 시점부터는 회사 경영에 관련된 보고서조차 보지 않았다. 자신이 발탁한 사람을 신뢰하면서 간섭하지 않고 성과를 낼 때까지 기다리겠다고 마음먹었기 때문이다. 넥슨의 성장 배경에는 그러한 김정주의 믿음과 인내가 있었다.

창업주에게 있어 회사란 마치 눈에 넣어도 아프지 않을 친자식 같은 존재다. 김정주처럼 그런 회사의 전권을 누군가에게 믿고 내주는 것은 보통의 마음가짐으로 할 수 있는 일이 아니다. 자식 농사와 같은 마음이 필요하다. 그리고 전권을 위임받은 경영진이 좋은 성과를 내주기를 인내하며 기다리는 자세가 필요하다.

한 스타트업 대표가 자신의 회사 경영권을 다른 누군가에게 위임하는 것에 대해 "고통스럽다."라고 표현하는 것을 들은 적 있다. 마치 자식을 내가 원하는 대로 기우고 싶고 이것저것 간섭하고 싶은 마음을 꾹꾹 눌러 참으며 인내해야 하는 부모의 마음처럼 고통스럽다. 하지만 어느 시점이 되면 위임은 선택이 아니라 필수가 된다. 회사 규모가 작을 때는 모든 것을 대표 혼자서 통제할 수 있지만, 규모가 커질수록 그것을 일일이 살피는 것이 어려워지기 때문이다. 그래서 어느 순간 자신의 권한을 나누어 위임해야만 한다. 그 사실을 알아도 많은 대표가 자신의 권한을 쉽게 내려놓지 못하거나, 전문 경영인에게 권한을 위임했다가도 오래 참지 못하고 회사 경영에 일일이 개입하려 든다. 불안하기 때문이다. 사업가에게 있어 경영에서 손을 떼거나, 자신의 권한을 직접 행사하지 않는 것만큼 가장 참기 어려운 상황은 없을 것이다. 하지만 그 어려운 것을 해낸 사업가가 결국 놀라운 성공에 이른다. 대표적인 예가 김정주였고, 디즈니의 전설적인 CEO라 불리는 밥 아이거 또한 그러했다.

성공한 리더의 자질은 인내다

김정주는 디즈니 같은 회사를 만들고 싶어 했다. 1923년에 설립된 디즈니는 100년의 유구한 역사를 자랑하는 기업이지만, 현재와 같은 콘텐츠 제국의 반석 위에 올려놓은 결정적인 인물은 바로 디즈니의 CEO 밥 아이거였다. 김정주와 밥 아이거의 경영 스타일을 보면 매우 유사한 부분이 있는데 그것은 '임파워먼트Empowerment', 즉 업무 수행에 필요한 권한을 사업 책임자에게 위임하고 그 결과에 대해 책임지는 리더십을 발휘하는데 매우 탁월했다는 점이다. 밥 아이거가 CEO에 오른 후 가장 먼저 한 것은 조직개편이었다. 중앙집권적 권한을 휘두르던 전략기획실을 해체한 것이다. 전략기획실 책임자가 홍콩 테마파크의 입장권 가격 결정을 위한 회의를 요청하자 밥 아이거가 건넨 말은 그의 리더십 특징을 그대로 보여준다.

"(홍콩 테마파크 책임자가) 입장권 가격도 결정하지 못한다면 그 자리에 있으면 안 되는 사람들 아닌가요? 회사가 그들을 적임자라고 믿고 맡겼다면 가격을 결정할 권한은 마땅히 그들이 가져야 한다고 생각하는데요."[85]

밥 아이거가 CEO 자리에 올랐을 때 디즈니는 당사의 정체성 그 자체라 할 수 있는 애니메이션 부문이 완전히 몰락하며 큰 위기에 처해 있었다. 그 위기의 돌파구로 선택한 방안은 〈토이 스토리〉, 〈몬스터 주식회사〉 등 전에 없던 혁신적인 애니메이션을 만들던 회사인 픽사와의 인수합병이었다. 이때 자유분방한 조직문화를 가진 픽사가 거대 기업인 디즈니에 합병되면 결국 디즈니화될 것이라는 우려가 있었다. 밥 아이거는 그들의 독립성을 최대한 보장해 줄 것을 약속하며 설득했고, 인수한 후 픽사 특유의 재기발랄한 아이디어를 그대로 살려 작품활동에 매진할 수 있도록 도우며 그 약속을 지켰다.

전폭적인 권한을 위임받으면 담당자는 더 신나게 일할 맛이 난다. 더 많은 성과를 내고 싶은 욕심이 생긴다. 무엇보다 리더가 자신을 전문가로서 신뢰하고 지지와 성원을 보내준다는 그 자체만으로도 상당한 동기부여가 된다. 하지만 실패했을 때 그 책임은 권한을 부여한 리더에게 돌아온다. 리더에게는 보통 큰 부담이 아닐 수 없다. 믿고 맡겨서 잘해 주면 다행이지만, 실패했을 때의 리스크는 어쩔 수 없이 두려운 법이다. 게다가 실질적인 성과가 나올 때까지 꽤 많은 시간이 필요한 경우가 다반사다. 그래서 많은 리더들이 끝내 인내하지 못하고 직접 개입하기에 이른다. 실패하더라도 자신이 직접 실패하는 편이 차라리 더 마음이 편하기 때문이다. 하지만 밥 아이거는 그런 것을 참아내고 인내할 줄 아는 리더였다. 자신은 픽사와 마블의 인수합병 같은 굵직한 프로젝트에 몰입하는 대신, 세세한 의사결정은 각 책임자에게 믿고 맡겼다.

그러한 임파워먼트 리더십이 그와 디즈니의 성공을 이끌었다.

김정주도 밥 아이거와 비슷한 리더십을 발휘했다. 그 또한 믿고, 맡기고, 인내할 줄 아는 리더였다. 당장의 실패에 일희일비하지 않고 성과를 낼 때까지 충분한 기회를 주는 리더였다. 때로 그 기대에 부응하지 못하는 결과도 있었지만, 그 기대에 부응하는 결과들이 누적되기 시작하자 넥슨은 엄청난 성장의 길로 들어설 수 있었다.

"〈카트라이더〉할 때 그랬어요. 정영석이라는 친구가 계속 게임을 말아먹고 있었거든요. 그러다 터진 거죠. 그럼 이젠 알잖아요. 실패에 일희일비하면 안 된다는 게 회사 안에 각인되는 거죠."**

리더는 본질적으로 타인을 통해 성과를 내는 사람임을 잊어서는 안 된다. 타인이 잘하는 게 내 성과가 되고 그가 실패하면 곧 내 실패가 된다. 차라리 혼자 모든 것을 고민하고 결정하며 그에 따른 책임까지 홀로 지면 마음이라도 편하겠지만 그렇게 낼 수 있는 성과에는 분명한 한계가 있다. 결국은 사람을 믿고 써야 한다. 이때부터 리더의 인내가 시작된다. 이 과정을 잘 견뎌내는 리더가 성공한다.

休를 마음에 품은 리더가 되라

누군가를 믿고, 맡기고, 인내하며 기다려주는 리더십, 김정주의 그런 리더십은 어디서 왔을까? 아마 그가 대학원 시절 겪었던 경험도 상당한 영향을 미치지 않았을까 짐작해 본다. 이광형 KAIST 총장은 김정주의 대학원 재학 시절 스승이었다. 그의 총장 취임식때 축사 자리에 선 김정주는 그와의 인연을 이렇게 술회하며 울컥하는 모습을 보여 눈길을 끌었다.

"이광형 교수님은 저한테는 정말 따뜻한 분이셨습니다. 저는 학생 생활도 성실하지 못했고 석박사 과정에 있으면서도 뭐 하나 제대로 못하던 시절이었습니다. 제 20대였는데요, 그때 교수님의 사모님이 너무 따뜻하게 챙겨 주셨구요. 제가 사고치고 삐뚤게 가는 건 아니었겠지만, 학생 때 회사를 하고 뭔가를 할 때 아낌없이 믿어 주시고, 지원해 주시고, 잘 도와주셨습니다. 그게 너무 기억에 남습니다."

실제 김정주는 대학원 시절 매우 불성실한 학생으로 보일만했다. 수업에 잘 들어오지도 않고 세미나에도 늦게 오는 학생이었다. 자유분방한 성격에 회사를 병행하느라 학업에 전념하지 못해 연구실에서 쫓겨나기도 했다. 이때 학과장을 설득해 김정주를 거둬들인 사람이 이광형 총장이었다. 그는 김정주를 아낌없이 믿어

244

주고, 지원해 주고, 도와주었다.[86] 누군가가 자신을 전적으로 믿어 주며 기다려 준 경험은 매우 특별하다. 김정주는 그런 경험을 가져 보았기에 그 자신도 다른 누군가를 믿고 기다려 주는 리더가 될 수 있었던 것은 아닐까?

한자 '쉴 휴休'는 쉬다는 뜻을 가진 한자다. 사람亻이 나무木에 기대어 쉬고 있는 모습이다. 나무는 사람에게 아무런 간섭도 하지 않는다. 다만 사람이 등을 기대어 쉴 수 있는 단단한 버팀목을 내어줄 뿐이다. 그가 스스로 힘을 내고 다시 일어날 때까지 조용히 기다려 줄 뿐이다. 진정한 리더는 그런 나무와 같다. 리더의 따스함을 경험하고 기억하는 사람들은, 또다시 누군가의 따스한 버팀목이 되어 주는 나무가 될 것이다. 취임식에서 했던 김정주의 이 마무리 발언처럼 말이다.

"여기 한 명 한 명 학생들 학부생 1학년부터 대학원 박사 과정까지, 그 따뜻함이 전해져서 따뜻한 마음으로 학교를 나가 더 봉사할 수 있는, 모두에게 꿈같고 축복 같은 일이라고 생각합니다. 오늘 총장님 되신 이광형 교수님 너무 축하드리고요, 사모님께도 감사드립니다. 감사합니다."

김정주에게서 배우는 메시지

인내는 단순히 참고 기다림을 의미하는 것이 아니다. 누군가를 전적으로 믿어 주는 마음이 더해질 때 비로소 인내는 그 놀라운 힘을 보여준다.

참고문헌

* 김재훈·신기주,《플레이》, 민음사(2015)

1) 이석우,《리더가 리더에게》, MID 엠아이디(2016)

2) 임원기, "[뉴 밀레니엄 슈퍼리치] '시대'를 읽고, '사람'을 찾는 게임 업계의 신화", 〈매거진한경〉, (2012년 2월 14일자), https://magazine.hankyung.com/money/article/202101212126c

3) 김병수, "[유레카] 황제와 머슴 / 김병수", 〈한겨레신문〉(2006년 4월 5일자), https://www.hani.co.kr/arti/opinion/column/113547.html

4) 우병현, "은둔? 100년 후 넥슨에 필요한 인재 배낭 메고 찾는 중", 〈조선일보〉(2016년 3월 26일자), http://weeklybiz.chosun.com/site/data/html_dir/2016/03/25/2016032501765.html

5) 정유현, "김정주 NXC 회장 "넥슨, 주춤 거릴 뿐 위기는 아니다"", 〈이투데이〉(2014년 5월 27일자), https://www.etoday.co.kr/news/view/921728

6) 필 로젠츠바이크,《올바른 결정은 어떻게 하는가》, 김상겸 역, 엘도라도(2014)

7) 곽경배, "김정주 넥슨 대표 인터뷰(下) '택진형 연락 좀 줘요'", 〈머니투데이〉(2012년 9월 7일자), https://news.mt.co.kr/mtview.php?no=2012090713308121773

8) 장제석, "김정주-서민-송재경, 스페셜 멤버 '바람의나라'를 추억하다", 〈게임메카〉(2013년 7월 8일자), https://www.gamemeca.com/view.php?gid=301412

9) 임원기, "[뉴 밀레니엄 슈퍼리치] '시대'를 읽고, '사람'을 찾는 게임 업계의 신화", 〈매거진한경〉(2012년 2월 14일자), https://magazine.hankyung.com/money/article/202101212126c

10) 스튜어트 크레이너, 《잭 웰치 성공에 감춰진 10가지 비밀》, 홍길표 역, 영언문화사 (2000)

11) 최준호, "(기획)온라인게임 왕국 '넥슨'이 만든 20가지 이야기①", 〈뉴스토마토〉 (2014년 9월 17일자), http://www.newstomato.com/readNews.aspx?no=498325

12) 윤성원, "넥슨 경영진에게 배우는 비즈니스 인사이트 5가지", 아웃스탠딩 (2018년 4월 25일자), https://outstanding.kr/ndc20180425

13) 김광일, "[김광일의 릴레이인터뷰] 김정주 넥슨 창업자", 〈아이뉴스24〉(2003년 10월 22일자), https://www.inews24.com/view/101297

14) 조지프 S. 나이, 《소프트 파워》, 홍수원 역, 세종연구원(2004)

15) 우병현, "은둔? 100년 후 넥슨에 필요한 인재 배낭 메고 찾는 중", 〈조선일보〉(2016년 3월 26일자), http://weeklybiz.chosun.com/site/data/html_dir/2016/03/25/2016032501765.html

16) 조선왕조실록, 세종실록 3권, 세종 1년 1월 11일자, https://sillok.history.go.kr/search/inspectionDayList.do?id=kda_101010&did=kda_10101011

17) 조선전기 때 의정부 정승들이 육조의 업무를 먼저 심의한 후에 임금에게 보고하던 제도.

18) 김유림, "직장인 만족도 조사, 일하는 이유 70%는 '돈'… 10명 중 3명만 '행복하다'", 〈머니S〉(2017년 5월 18일자), https://moneys.mt.co.kr/news/mwView.php?no=2017051814148020143

19) 홍장원, "[매경이 만난 사람] 성공한 벤처의 대명사 김정주 NXC 대표", 〈매일경제신문〉(2014년 02월 14일자), https://www.mk.co.kr/news/special-edition/5938183

20) "꿈을 키우고 열정을 배우던 시절… 작업복은 내 교복이었다", 〈조선일보〉(2013년 05월 08일자), https://biz.chosun.com/site/data/html_dir/2013/05/07/2013050702920.html

21) 이경윤, 《꿈을 향해 걸어가는 친구》, 머니플러스(2012)

22) 이나모리 가즈오, 《왜 사업하는가》, 김지영 역, 다산북스(2021)

23) ⟨2012년 창업희망콘서트: 멘토에게 길을 묻다⟩ 창업토크 中, https://www.you tube.com/watch?v=h-eqDoA-WoM

24) 홍장원, "[매경이 만난 사람] 성공한 벤처의 대명사 김정주 NXC 대표", ⟨매일경제 신문⟩ (2014년 02월 14일자), https://www.mk.co.kr/news/special-edition/5938183

25) "역동적 창업생태계 조성을 위한 정책제언: 대한상공회의소 정책연구보고서 제 2021-01호"(대한상공회의소)

26) 임경업, "[쫌아는기자들] 故 김정주와 창업가 부부, 뷰티에서 검증하고 싶었던 저 널리즘 가설", 조선일보 뉴스레터 '스타트업' (2022년 7월 31일자), https://www.chosun.com/economy/smb-venture/2022/08/02/C2KKF6UQTVGTRAD4V I6AHAIZOE/

27) 브라이언 헤어·베네사 우즈, ⟪다정한 것이 살아남는다⟫, 이인아 역, 디플롯(2021)

28) 박기원, "2040 창업 대표수자 3인방이 말하는 '창업'", 대한민국 정책브리핑 (2012년 4월 6일자), https://www.korea.kr/news/reporterView.do?newsId=148730296

29) 엄민우, "[CEO열전]⑫ 돈 버는데 탁월한 '사업가' 김정주 NXC 대표", ⟨시사저널⟩ (2016년 1월 11일자), https://www.sisajournal.com/news/articleView.html? idxno=146724 에서 김재훈·신기주, ⟪플레이⟫, 민음사(2015) 재인용

30) 신동욱, ⟪그래서 역사가 필요해⟫, 포르체(2021)

31) 조유진, "넥슨엔 '세 번 입사 클럽'이 있다", ⟨아시아경제⟩ (2014년 5월 30일자), https://www.asiae.co.kr/article/2014053008272233491

32) 권영전, "⟨'석달만에 자라섬'···넥슨 재즈밴드의 '무한도전'⟩(종합)", ⟨연합뉴스⟩ (2012년 10월 14일자), https://entertain.naver.com/read?oid=001&aid=0005871777

33) 백강녕, "[2012년을 묻는다] "세계의 인재와 돈 끌어모을 한국 기업 곧 나온다"", ⟨조선비즈⟩ (2011년 12월 31일자), https://biz.chosun.com/site/data/html_dir/2011/12/30/2011123002229.html

34) 홍장원, [매경이 만난 사람] 성공한 벤처의 대명사 김정주 NXC 대표, ⟨매일경제 신문⟩ (2014년 02월 14일자), https://www.mk.co.kr/news/special-edition/5938183

35) "우병현, "은둔? 100년 후 넥슨에 필요한 인재 배낭 메고 찾는 중", ⟨프리미엄조선⟩ (2017년 6월 19일자), http://premium.chosun.com/site/data/html_dir/2017/06/15/2017061501712.html?pmletter

36) 서동일, "[단독]김정주 "게임 창업에만 몰두… 혁신적 도전 아쉽다"", 〈동아일보〉 (2015년 8월 27일자), https://www.donga.com/news/Economy/article/all/2015 0826/73271577/1

37) 이대호, ""차가 작으니까 좋다고 했는데"…'넥슨 큰 형님' 정상원의 회고", 〈이데일리〉 (2022년 3월 2일자), https://www.edaily.co.kr/news/read?newsId=034013 66632259384

38) 백강녕, "[2012년을 묻는다] "세계의 인재와 돈 끌어모을 한국 기업 곧 나온다"", 〈조선비즈〉 (2011년 12월 31일자), https://biz.chosun.com/site/data/html_dir/ 2011/12/30/2011123002229.html

39) 심재율, 《카이스트의 시간》, 김영사(2020)

40) 백강녕, "[2012년을 묻는다] "세계의 인재와 돈 끌어모을 한국 기업 곧 나온다"", 〈조선비즈〉 (2011년 12월 31일자), https://biz.chosun.com/site/data/html_dir/ 2011/12/30/2011123002229.html

41) 성호철·임경업, 《창업가의 답》, 포르체(2021)

42) 권건호, "[스타트업이 미래다]창업희망콘서트", 전자신문 (2012년 3월 27일자), https://www.etnews.com/201203260196

43) KOC·KIISE, "20세기 대한민국컴퓨터개발역사 워크숍 II(2016) - 바람의 나라 (김 정주)", nexoncomputermuseum, 2017년 01월 13일, 동영상, 12:10, https://www. youtube.com/watch?v=AikZ6p_6gNg&list=PLB2X8kWsL7HuRqh3q2n8b4hQEa2 D32DoL&index=12

44) 권오용, "'은둔의 창업주' 넥슨 김정주 "10~20년 길게 보고 창업하라"", 〈JTBC뉴 스〉 (2012년 3월 26일자), https://news.jtbc.co.kr/article/article.aspx?news_id=NB 10087107

45) 이성봉, "케어링 대표가 300억원을 투자받고도 우울한 이유", 아웃스탠딩 (2022년 10월 12일자), https://outstanding.kr/caring20221012

46) 성호철·임경업, 《창업가의 답》, 포르체(2021)

47) 조선왕조실록, 효종실록 20권, 효종실록 9년 9월 5일자, https://sillok.history.go.kr/ id/kqa_10909005_001

48) 이시은, "유니콘 되는 첫 번째 비결은 생존…배수진 치고 바퀴벌레처럼 버텨라", 〈한국 경제신문〉(2022년 9월 29일자), https://www.hankyung.com/it/article/2022 092957861

49) 곽경배, "김정주 넥슨 창업자 인터뷰(上) "성공에 대한 갈망이 있어야"", 〈머니투데 이〉(2012년 9월 7일자), https://news.mt.co.kr/mtview.php?no=20120907133 08189365

50) 백강녕, "[2012년을 묻는다] "세계의 인재와 돈 끌어모을 한국 기업 곧 나온다"", 〈조선비즈〉(2011년 12월 31일자), https://biz.chosun.com/site/data/html_dir/ 2011/12/30/2011123002229.html

51) 김홍식, "[인터뷰] 2월의 우수게임 수상 김정주 넥슨 사장", 〈전자신문〉(1998년 2월 26일자), https://www.etnews.com/199802260005

52) 홍장원, 「매경이 만난 사람」 성공한 벤처의 내닝사 김정주 NXC 대표, 〈매일경제 신문〉(2014년 02월 14일자), https://www.mk.co.kr/news/special-edition/5938183

53) 장제석, "20살 청년의 마음으로… 넥슨 새 보금자리 '넥슨' 첫 공개", 〈머니투데이〉 (2014년 1월 14일자), https://news.mt.co.kr/mtview.php?no=20140114 15008172502

54) 최준호, "김정주가 묻는 넥슨의 미래", 〈벤처스퀘어〉(2014년 5월 28일자), https:// www.venturesquare.net/539252

55) 최준호, "넥슨 경영진.. '실패'와 '잉여' 허락하는 조직 만들겠다", 〈뉴스토마토〉(2014년 5월 29일자), http://www.newstomato.com/ReadNews.aspx?no=472536

56) 유하늘, "넥슨, 초심 돌아가 재도약할 것", 〈한국경제신문〉(2016년 11월 8일자), https://www.hankyung.com/it/article/2016110810491

57) 박두호, "4년 만에 지스타 귀환한 넥슨, '듀랑고'까지 돌아왔다", 〈뉴스핌〉(2022년 11월 8일자), https://www.newspim.com/news/view/20221108000829

58) 임가을, "넥슨, '페리아 연대기' 등 미출시 게임 박물관 공개 '네포지토리 베타'", 〈스포츠W〉(2021년 4월 2일자), https://www.sportsw.kr/news/newsview.php? ncode=1065582059147492

59) 박명기, "넥슨 김정주 사장 "재미없으면 게임이 아니다"", 〈일간스포츠〉(2008년 5월 8일자), https://v.daum.net/v/20080510081114808

60) 김지연, "[NDC2014] [기조강연] 김정주 회장과 대표 2인, 10년 후 넥슨의 청사진을 그리다", 〈인벤〉(2014년 5월 27일자), https://www.inven.co.kr/webzine/news/?news=110781

61) 권로미, "깜짝 놀랠 게임 내놓겠다", 〈헤럴드경제〉(2006년 1월 2일자), https://n.news.naver.com/mnews/article/016/0000196371?sid=105

62) 홍장원, [매경이 만난 사람] 성공한 벤처의 대명사 김정주 NXC 대표, 〈매일경제신문〉(2014년 02월 14일자), https://www.mk.co.kr/news/special-edition/5938183

63) 이혜운, ""내 슬픔을 당신은 아시나요" 바이올린·연극 사랑했던 김정주", 〈조선일보〉(2022년 3월 12일자), https://www.chosun.com/national/weekend/2022/03/12/CB3562ETBBDKHHL5XPDUAXWHPE/?utm_source=naver&utm_medium=referral&utm_campaign=naver-news

64) 조유진, "넥슨엔 '세 번 입사 클럽'이 있다", 〈아시아경제〉(2014년 5월 30일자), https://www.asiae.co.kr/article/2014053008272233491

65) 최준호, "(기획)온라인게임 왕국 '넥슨'이 만든 20가지 이야기①", 〈뉴스토마토〉(2014년 9월 17일자), http://www.newstomato.com/readNews.aspx?no=498325

66) 조유진, "넥슨엔 '세 번 입사 클럽'이 있다", 〈아시아경제〉(2014년 5월 30일자), https://www.asiae.co.kr/article/2014053008272233491

67) 윤성원, "넥슨코리아 역대 대표이사 주요 이력 정리", 〈아웃스탠딩〉(2018년 1월 10일자), https://outstanding.kr/nexonkoreaceo20180110

68) 로버트 그린, 《인간 본성의 법칙》, 이지연 역, 위즈덤하우스(2019)

69) 박진형·신유리, "넥슨 김정주 대표 "나는 게임 개발만 아는 '낙제 CEO'"", 〈연합뉴스〉(2005년 10월 13일자), https://n.news.naver.com/mnews/article/001/0001121475?sid=101

70) 황순민, "갤럭시디지털 CEO, "JJ(김정주)는 내가 만난 가장 겸손한 부자"", 〈매일경제신문〉(2022년 3월 4일자), https://www.mk.co.kr/news/it/10240410

71) 김건우, "김정주 사과받은 23살 취준생 "그는 큰 사람, 철없음 용서 빌고파"", 〈머니투데이〉(2022년 3월 2일자), https://news.mt.co.kr/mtview.php?no=2022030215451658494

72) 곽경배, "김정주 넥슨 대표 인터뷰(上) "성공에 대한 갈망이 있어야"", 〈머니투데이〉 (2012년 9월 7일자), https://news.mt.co.kr/mtview.php?no=201209071330818936

73) 로버트 아이거, 《디즈니만이 하는 것》, 안진환 역, 쌤앤파커스(2020)

74) 신기주, "진짜 카이스트 천재는 누구였을까", 〈시사인〉 (2011년 4월 28일자), https://www.sisain.co.kr/news/articleView.html?idxno=10054

75) 백강녕, "[2012년을 묻는다] '세계의 인재와 돈 끌어모을 한국 기업 곧 나온다'", 〈조선비즈〉 (2011년 12월 31일자), https://biz.chosun.com/site/data/html_dir/2011/12/30/2011123002229.html

76) 〈2012년 창업희망콘서트: 멘토에게 길을 묻다〉 창업토크 中, https://www.youtube.com/watch?v=h-eqDoA-WoM

77) 서정근, "이정헌 '넥슨 대표 통보받은 밤부터 두려움 밀려와'", 〈MTN뉴스〉 (2018년 4월 25일자), https://news.mtn.co.kr/news-detail/2018042513201872479

78) 기업의 규모가 비대해지면서 나타나는 구성원의 무사안일주의, 관료화, 관행, 인사 적체, 의사 결정 지연 따위를 통틀어 이르는 말.

79) 서정근, "이정헌 '넥슨 대표 통보받은 밤부터 두려움 밀려와'", 〈MTN뉴스〉 (2018년 4월 25일자), https://news.mtn.co.kr/news-detail/2018042513201872479

80) 김주완, "[CEO투데이] 김정주 넥슨 회장 '콘텐츠 영감 얻기위해 연극·영화 닥치는 대로 봅니다'", 〈한국경제신문〉 (2011년 5월 25일자), https://www.hankyung.com/it/article/2011052569861

81) 박진형·신유리, "〈연합 CEO 초대석〉 넥슨 김정주 대표", 〈연합뉴스〉 (2005년 10월 13일자), https://n.news.naver.com/mnews/article/001/0001121475?sid=101

82) 백강녕, "[2012년을 묻는다] '세계의 인재와 돈 끌어모을 한국 기업 곧 나온다'", 〈조선비즈〉 (2011년 12월 31일자), https://biz.chosun.com/site/data/html_dir/2011/12/30/2011123002229.html

83) 권혁재, "어린이재활병원 설립한 백경학 이사 '고 넥슨 김정주 회장 뜻 이어갑니다'", 〈중앙일보〉 (2022년 3월 9일자), https://www.joongang.co.kr/article/25053999#home

84) 프란치스코 교황, 《사진으로 만나는 교황 프란치스코》, 주세페 코스터 편, 이영아 역, 알에이치코리아(2014)

85) 로버트 아이거, 《디즈니만이 하는 것》, 안진환 역, 쌤앤파커스(2020)

86) 강민구, "애제자 '김정주' 잃은 괴짜총장..'세상 바꿀 사람 잃었다'", 〈이데일리〉 (2022년 3월 1일자), https://www2.edaily.co.kr/news/read?newsId=02246806632259056& mediaCodeNo=257

최고의 리더는 의자가 없다

김정주 넥슨 회장의 미래를 바꾸는 경영 방식

초판 1쇄 발행 2023년 5월 24일

지은이   신동욱
펴낸이   박영미
펴낸곳   포르체

책임편집   김성아
편집팀장   임혜원 | **편집**   김선아
마케팅   김채원, 김현중

출판신고   2020년 7월 20일 제2020-000103호
전 화   02-6083-0128 | 팩 스   02-6008-0126
이메일   porchetogo@gmail.com | 포스트   https://m.post.naver.com/porche_book
인스타그램   www.instagram.com/porche_book

ⓒ 신동욱(저작권자와 맺은 특약에 따라 검인을 생략합니다.)
ISBN   979-11-92730-47-9 (03320)

여러분의 소중한 원고를 보내주세요.
porchetogo@gmail.com